////// 中国经济实验研究院实证中国系列丛书 //////

中国政法大学人文社会科学规划项目（12ZFG79002）成果
国家社会科学基金重大项目（09&ZD017）成果

中国经济增长中的城市化和创新地理

岳清唐　著

THE URBANIZATION AND INNOVATION GEOGRAPHY IN
CHINESE ECONOMIC GROWTH

中国社会科学出版社

图书在版编目（CIP）数据

中国经济增长中的城市化和创新地理/岳清唐著．—北京：
中国社会科学出版社，2014.12
ISBN 978 - 7 - 5161 - 5265 - 2

（中国经济实验研究院实证中国系列丛书）

Ⅰ.①中…　Ⅱ.①岳…　Ⅲ.①城市化—研究—中国 ②区域
经济地理—研究—中国　Ⅳ.①F299.21 ②F129.9

中国版本图书馆 CIP 数据核字（2014）第 297443 号

出 版 人	赵剑英
责任编辑	卢小生
特约编辑	林　木
责任校对	季　静
责任印制	王　超

出　　版	中国社会科学出版社
社　　址	北京鼓楼西大街甲 158 号（邮编　100720）
网　　址	http：//www.csspw.cn
	中文域名：中国社科网　　010 - 64070619
发 行 部	010 - 84083635
门 市 部	010 - 84029450
经　　销	新华书店及其他书店

印　　刷	北京市大兴区新魏印刷厂
装　　订	廊坊市广阳区广增装订厂
版　　次	2014 年 12 月第 1 版
印　　次	2014 年 12 月第 1 次印刷

开　　本	710×1000　1/16
印　　张	12.25
插　　页	2
字　　数	207 千字
定　　价	38.00 元

首都经济贸易大学中国经济实验研究院，于 2011 年 11 月 16 日成立。该研究院是首都经济贸易大学与中国社会科学院经济研究所合作建立的学术研究机构。中国改革正进入"深水区"，改革面临的形势更艰巨、复杂。中国改革将从"实践试错"向利用现代手段进行政策模拟和评估有"实验试错"转变。中国经济实验研究院将联合其他学科和院校机构，开展经济实验研究。研究院设有中国经济增长与周期研究中心、中国城市生活质量研究中心、数量经济研究中心和 WTO 研究中心，并设有经济运行与国际贸易实验室、经济预警实验室、经济数据处理与计算机仿真实验室和数字化调查中心。中国经济实验研究院实证中国丛书是其计划出版物中的一种系列。其特色是：

　　（1）立足于实证方法论，对新中国 60 多年的发展道路进行规律性、典型性总结，并对呈现于中国广阔历史发展背景下的发展模式与经典发展理论或模式进行对比，在由历史和理论对比所构成的坐标平面上，勾勒和解读"中国模式"。

　　（2）在勾勒和解读"中国模式"的过程中，提炼一些基于中国自身发展经验的由欠发达经济向发达经济转变和过渡的命题，并对中国未来发展趋势和面临的一些重大问题进行分析，以丰富"中国模式"的图景。

　　（3）运用凝练的统计和计量分析方法，避免烦琐的经院哲学，以方法促分析。撰写风格将以库兹涅茨、钱纳里、赛尔奎因和克鲁格的系列研究为参照，重实证、重分析、重规律总结。

目　录

前　言

一

　　长期以来，西方主流经济学把自己定义为"经济学是把人类行为当作目的与具有各种不同用途的稀缺手段之间的一种关系来研究的一种科学"（罗宾斯，2000）。而其主要方法就是应用最优化原理和均衡原理来研究在资源总量受到约束情况下如何使资源配置即资源在各种不同用途上实现最优。在这种研究中，往往把经济活动主体所依托的空间和时间都抽象掉了，把经济主体的选择定格为一个点上的一瞬间的配置行为，局限于一种零空间静态分析。

　　一切都源于经济学研究中抽象演绎法所遇到的数学模型化困难。在亚当·斯密那里，抽象演绎法和历史归纳法是并存并重的。他继承了英国经验主义哲学传统，并吸收了法国理性主义哲学思潮，通过对各国各时期经济史的描述和分析，经过从个别到一般的归纳推理，在归纳出几个较少的抽象概念基础上，又通过从一般到个别的演绎推理，建立起古典经济学的逻辑体系。斯密的研究方法被马尔萨斯、萨伊和马克思等人继承。但斯密的另一个伟大继承者李嘉图则抛弃了历史归纳方法，将抽象演绎方法的使用发挥到了极致。李嘉图的抽象演绎推动着经济学走向了只凭几条公理或假设去推演结论的高度抽象化、数理化的模型化方法。为了适应抽象演绎的需要，或者说限于当时所能掌握的数学工具，必须作出一些脱离实际的苛刻假设，才能将研究对象模型化。因此，他在研究不同国家和地区间的经济关系时，假设没有运输成本，用比较成本和地租概念把不同地区间的空间差异转化为土地生产力和劳动生产力的差异，从而把空间因素在经济理论研究中抽象掉了。在后来的一般均衡模型中，阿罗、德布鲁等经济学家则通过假设规模报酬不变和经济活动的各向同质，把同样物品在不同空间点的交易行为视为不同物品的交易，从而把空间因素对交易的影响"考虑"到或者排除掉。

马歇尔（1964）在他的著作中虽然一再强调"经济学家的目标应当在于经济生物学，而不是经济力学"①，但经济生物学是要考虑时间的，不过由于"时间因素是经济学上许多最大的困难的根源"②，所以，由他开创的新古典经济学分析长期以来局限在静态均衡框架内，把时间因素也搁置在一边了。当研究经济增长问题时，新古典增长经济学家通过跨期消费方式把时间因素纳入经济学，建立了经济资源在时间上如何配置的分析框架，但仍然是在报酬不变的假设下追求一条均衡增长路径。报酬不变的竞争性市场自身不能带来经济增长，因此，新古典增长理论的"增长"需要求助于外生的技术进步，它不能从新古典增长模型本身得到说明。事实上，符合规模报酬不变的完全竞争厂商只能维持简单再生产，不可能发展壮大。只有具备一定垄断性的企业才能有自身实现技术进步的可能性，这依赖于垄断所带来的规模报酬递增性质。但长期以来，主流经济学家在建立具有报酬递增性质的不完全市场结构模型方面遇到了多重均衡解的困境而一直没有突破。

20世纪70年代，迪克西特和斯蒂格利茨在市场结构理论研究上获得了突破。他们建立了一个分析不完全竞争市场一般均衡模型，即迪克西特—斯蒂格利茨模型（简称D—S模型）。在该模型基础上，不需先验地假设外部经济的存在性，从经济主体的自利性行为本身就可以建立具有报酬递增性质的内部规模经济和外部规模经济模型。20世纪八九十年代，借助于迪克西特—斯蒂格利茨模型，时间上的报酬递增和空间上的报酬递增模型相继建立。以罗默为代表的内生增长理论注意到报酬递增对于理解经济长期增长的巨大意义，把时间上的报酬递增纳入到增长模型中。以克鲁格曼为代表的新经济地理学理论把空间上的报酬递增纳入到标准经济学模型中，完成了对经济资源在空间配置上的主流经济学分析。

---

①　[英]马歇尔：《经济学原理》上卷，朱志泰译，商务印书馆1964年版，第18页。

②　同上书，第128页。

二

　　经济在时间和空间上的增长都是一种报酬递增现象。报酬不变的假设产生不了增长，只能维持现状。经济增长不仅在时间上，而且在空间上都因报酬递增而表现出不平衡的特征。经济增长本身就体现为一个报酬递增的过程。创新和城市化带来报酬递增，进而是经济增长的重要源泉之一。人们对报酬递增的认识经历了一个较长的过程。

　　从亚当·斯密论述"制针工厂"中的分工能够导致报酬递增，到马歇尔的外部经济能够带来报酬递增，再到阿伦杨格累积因果导致报酬递增，都没有将报酬递增模型化。斯密的分工实现递增报酬的思想需要求助于外生的市场范围，而杨格的"分工一般地取决于分工"则指出了报酬递增的内生性。杨格将市场范围大小内生于分工发展之中，劳动及产业分工、迂回生产的加深、市场范围的扩大三者是一个相互加强、自我演化的过程。扬格的思想显示了一种报酬递增的动态性质。但由于杨格英年早逝，他并没有来得及将他的思想模型化。

　　马歇尔认识到内部经济和外部经济都能带来递增的报酬，但内部规模经济的存在必然导致垄断，这与经济均衡思想不相容，也与当时缺乏相适应的数学工具有关。马歇尔避开了内部经济，而用一个代表性企业的平均水平拉平了企业之间由于规模不同而产生的差异，实际上假定企业之间存在无差别的竞争。马歇尔用外部经济变动来解释企业的增长，假设外部经济能够作用于所有企业。

　　斯密虽然提出了劳动分工带来递增的报酬，但劳动分工的含义究竟是什么，斯密并没有清晰地解释，留给后人进一步研究的空间。罗默等人认为分工是指品种多样化，贝克尔、墨菲、杨小凯等人认为分工是指专业化。本书作者认为，斯密的分工与递增报酬之间的联系渠道实际上可以区分为两个方面：一个是产品的创新，一个是工艺的创新。品种多样化是产品创新，生产专业化是工艺组织创新。

　　罗默等人沿着马歇尔、张伯伦、阿罗、迪克西特、斯蒂格利茨等人的思路前行，对报酬递增的产生进行了模型化。第一步仍是沿用外部经济的做法，把阿罗的"干中学"概念纳入竞争性均衡分析框架，假定私人企业投资于研究与开发会带来新知识的产出，新知识的生产是报酬递减的。但由于新知识既包含企业特定的私人知识，又包含通用性质的公共知识。公共知识随着产品的被使用、劳动者的流动、供应商之间的联系会扩散到全局经济中。每个企业的研究开发投资都对公共知识的积累做出贡献，因而公共知识的存量是不断增加的。企业使用私人知识、公共知识和其他要素生产消费品，由于公共知识正的外部性，使私人企业消费品生产函数具有报酬递增性质。罗默在外部性、新知识生产报酬递减性、消费品生产递增性三个假定下构造了一个与竞争均衡相容的报酬递增框架。

对于斯密定理，斯蒂格勒曾有这样的评论："如果确是市场容量限制了劳动分工，那么典型的产业结构就必定是垄断；如果典型的产业结构是竞争，那么这一定理就是错误的，或无重要意义的。这两种情况都难以否认。"① 现实中这两种情况并非难以否认，典型的产业结构并非是完全竞争的，而是垄断竞争的，斯密定理也不是错误的。因此，罗默在后来的研究中对报酬递增的处理采用了更加符合现实情况的垄断竞争市场结构。罗默借鉴迪克希特——斯蒂格利茨模型，并结合其他学者的相关研究，构造了一个包含中间产品部门的内生创新增长模型。该模型将技术进步带来的报酬递增放在垄断竞争的市场结构框架内，将中间产品数目的增加作为技术进步表现形式，每一项中间产品都由一个垄断厂商独家生产，由此产生规模报酬递增，递增的报酬形成垄断者的垄断租金，这个垄断租金用来补偿开发中间产品的固定成本。罗默模型后来又经过豪威特、格罗斯曼等人的发展，使报酬递增与技术在时间上的积累很好地联系起来。

对于试图在新古典框架内解决报酬递增问题的研究者而言，静态的自由竞争和动态的垄断竞争是经济演化的两种力量。创新行为将产生垄断者，创新不断，垄断不断。垄断竞争带来的递增报酬吸引了大量学习者和模仿者。他们的加入使技术在社会不断扩散，将垄断竞争优势在社会中均等化，带来了经济的增长，提高了整个社会的福利。当一项创新技术在社会上得到广泛扩散，则使用这项技术的企业不会获得垄断地位，自由竞争的情形近似出现，现存资源将得到充分有效使用，自由竞争是在既定技术水平下的边际报酬递减下的竞争。垄断竞争伴随资本的扩张，是由增量资本带来

---

① ［美］施蒂格勒：《产业组织和政府管制》，生活·读书·新知三联书店上海分店1989年版，第23页。

的活动。自由竞争是存量资本之间的竞争。

　　杨小凯等人沿着阿伦杨格的思想返回到亚当·斯密的劳动分工传统。杨小凯将分工视为专业化，分工的扩大体现为专业化程度的加深，体现为个人投入某一项经济活动的时间增加。杨小凯假定个人既是消费者又是生产者，消费决策和生产决策是由同一主体做出的，从而抛弃了新古典的消费和生产各自独立决策的二分法，创立了新兴古典经济学派。新兴古典经济学派强调的是专业化经济，是范围经济。杨小凯假定个人的消费是由其生产能力决定的，购买力等于生产力，需求由供给决定，因而，市场范围大小内生于个人的消费和生产决策之中。

　　实际上，杨小凯的专业化分工模型在某种程度上恢复了亚当·斯密的劳动价值论。杨小凯的模型设计了一个指数型的报酬递增生产函数，个人生产某种产品的产量是该人投入该项专业化产品的劳动份额的指数函数和个人的产出被分为两部分，一部分自用，另一部分售卖给他人用于交换，他假定每一个人的售卖量也就是他的购买量，因而市场是出清的。经济产出将随专业化程度的加深而递增，边际生产率随投入到某一专业化产品的劳动份额增大而递增。杨小凯认为，专业化能力的获得是需要学习和经验积累的，它不能在个人之间迅速传播和获得，个人必须分配一定的时间资源去获得专业化技能，因而即使个人专门于一项生产活动，其投入的时间份额也是小于 1 的，即报酬递增不是无限的，而是局部的、有限的。

　　布莱恩阿瑟等人沿着罗丹（1943）、缪尔达尔（1957）、赫尔希曼（1958）等人的不均衡思想前行，分析现实经济生活中的报酬递增现象，并用路径依赖和正反馈等概念描述报酬递增机制，尝试用非线性随机进程理论把报酬递增规律数学模型化，以便让主流经济学接受它。

三

　　本书提出经济活动在时间和空间上的表现形态和宇宙在时间和空间上的表现形态一样，都是不均衡的主要观点后，考察了时间上的报酬递增思想在经济学说史上的演进及其发展方向；重点研究了经济资源和创新活动在空间上的不均衡分布和集聚现象及其背后的报酬递增机制；并以我国城市化发展以及自主创新的理论及实践为背景，从报酬递增的角度分析我国城市化和创新的集聚对我国经济增长的政策含义。

本书继承了内生经济增长和空间经济学两个领域的理论发展，并把城市化和创新行为的空间表现形式纳入主流经济学框架中，在很大程度上借鉴了20世纪90年代以来建立在迪克西特—斯蒂克利茨不完全竞争模型基础上的产业组织理论、新贸易理论、新增长理论和新经济地理学的分析思想和研究方法。

本书内容包括八章。

第一章讨论了经济活动在时间上的报酬递增性质，揭示了经济增长就是一个报酬递增的过程，勾画出了报酬递增研究的历史线索及目前的四条主要路径。一是基于外部性的报酬递增研究路线；二是基于内部规模经济的垄断竞争模型的报酬递增研究路线；三是基于内生专业化分工的报酬递增研究路线；四是基于非均衡的正反馈和路径依赖思想的报酬递增研究路线。

第二章讨论了经济活动在空间上的报酬递增性质，探讨了经济活动空间不均衡分布的解释性框架。报酬递增是经济活动集聚的向心力，产生报酬递增的源泉有许多，创新和城市化是产生报酬递增的最重要源泉。新增长理论对报酬递增与创新之间的关系从时间维度已做了深入探讨，但在空间维度上探讨创新、城市化和报酬递增之间联系的研究目前还不充分，本书试图在已有相关文献的基础上对此进行探索。

第三章讨论了创新的集聚分布提高了创新生产力的机理，并分析了促进创新活动集聚的理论条件。

第四章讨论了空间因素对经济活动的影响的度量方法，指出了空间计量模型的未来发展方向。

第五章回顾了中国城市化思想发展的历史脉络和城市化实践的概况，预测了未来发展方向。

第六章定量分析了21世纪以来中国地级以上城市的城市化空间格局演变及其与区域经济增长的联系。

第七章定量分析了20世纪90年代中期以来中国省级区域创新空间分布的演变，得出创新集聚推动创新生产力的结论。

第八章定量分析了中国2000年以来创新产出的影响因素，指出中国创新的内生性在提高。特别是由于考虑创新活动的空间溢出效应，结论比以往研究更为可信。

第一章　时间上的报酬递增
与经济增长

在长期里经济增长本质上体现为一种报酬递增现象或者说体现为一个报酬递增的过程，没有报酬递增就不会有经济的可持续增长。报酬递增是经济实现增长的前提。传统经济学中报酬不变和报酬递减的假设只符合局部和静态的世界，而不符合整体的动态的世界。报酬递增经济学正在逐渐走向经济学研究的前台和主流。

自二百多年前亚当·斯密发表其《国富论》后，人们对报酬递增与经济增长之间关系的探索经历了一个漫长的过程。斯密认为，财富（经济）的增长源于分工和专业化的发展，分工和专业化促进了劳动生产力的提高，带来了财富的增加。马歇尔用内部规模经济和外部规模经济以及代表性企业概念发展了斯密的分工思想，对递增收益问题进行了创新性探索。阿伦·杨格（1928）的"分工一般地取决于分工"的思想极大发展了斯密的分工促进财富增长的观点，并明确地提出了包含于其中的报酬递增思想。阿罗（1962）用"干中学"概念初步将报酬递增的思想引入主流经济学的分析之中。罗默（1986）用"知识外溢"概念正式在主流经济学的框架内将报酬递增思想模型化。随后，卢卡斯（1988）也建立了一个人力资本外溢的报酬递增模型。

杨小凯则沿另一条路线发展了递增报酬思想。他将斯密关于劳动分工促进财富增长从专业化带来报酬递增的角度进行了模型化。布莱恩阿瑟则从路径依赖和正反馈的角度研究了报酬递增。

一 古典经济学的报酬递增思想

报酬递增的思想至少①应该上溯到亚当·斯密，《国民财富的性质及其原因的研究》就是探讨如何实现国家财富增加，如何提高国民生活水平的。用今天的术语说，就是一个国家的经济如何实现增长的问题。《国富论》回答了财富是什么，财富的来源是什么，怎样才能迅速积累财富，怎么分配财富等这些基本经济问题。斯密认为，财富就是国民每年消费的一切生活必需品和便利品，金银货币只是其中一个小部分，重农主义所提出的土地纯产品即农产品也只是财富的一部分。财富的增长表现为人均消费的生活必需品和便利品的增加。在《国富论》的"序论及全书设计"中斯密开宗明义地提出财富来源于国民的劳动，财富的增长来源于从事有用劳动的人数的增加和国民运用劳动的技巧和判断力。并且指出第二个因素即劳动生产率的状态对财富的增长影响是最主要的。斯密的研究包括对资源分配的静态分析和对经济进步的动态分析两种倾向。其静态分析是以后新古典经济学经济均衡的思想渊源；其动态分析则为马克思的历史分析和以后的制度经济学、演化经济学的研究提供了线索，从而成为报酬递增经济学研究的一个源泉。

斯密在《国富论》第一章"论分工"中提出，"劳动生产力上最大的增进，以及运用劳动时所表现的更大的熟练、技巧和判断力，似乎都是分

---

① 其实，正如马歇尔所说，从柏拉图时代起就对分工的作用有过论述。柏拉图的《国家篇》中就有分工促进效率的论述："当一个人在适当的时机从事与他品性相适应的工作，而不去从事其他职业，那么他生产的东西就会更多、更好，也更容易。"（柏拉图：《国家篇》参见，《柏拉图全集》第二卷，王晓朝译，人民出版社 2003 年版）。曼德维尔在《蜜蜂的寓言》第四部分（对话）中，也有一段对分工的讨论："倘若一个人专门制作弓箭，另一个人专门提供食物，第三个人专门建造草舍，第四个人专做衣服，第五个人则专事制作器皿。那么，不仅他们会变得彼此有用，而且，在同样长的年代里，他们从事的那些行业和手艺本身的改进，也会比没有专人从事它们所取得的更大。……你这番话完全对，其正确性在钟表制造业里体现得再明显不过了，这个行业已经达到了很高的完善程度，而钟表的全部制作若一直都由一个人来完成，钟表工艺就不会发展得如此完善。你已经使我相信：钟表的丰富产量、准确性及美观，主要都应归功于钟表工艺的众多劳动分工。"（曼德维尔：《蜜蜂的寓言：私人的恶德、公众的利益》，肖聿译，中国社会科学出版社 2002 年版）

工的结果"。① 即分工促进劳动生产率的提高，从而促进了财富的增长。分工是财富增长的一个重要来源。分工是通过哪些途径促进劳动生产力和财富的增长呢？斯密提出了三条路径："第一，劳动者的技巧因业专而日进；第二，由一种工作转到另一种工作，通常需损失不少时间，有了分工，就可以免除这种损失；第三，许多简化劳动和缩减劳动的机械的发明，使一个人能够做许多人的工作。"② 即斯密认为，分工导致了专业化、时间节约和机器的发明。人们为什么会分工？斯密认为这是由人们之间的互通有无的交换天性带来的，这种天性是人类所特有的。人类的交换行为是一种自愿的合作行为，通过交换，各自得到自己所需要的东西。分工是如何得到发展的呢？斯密认为，"分工起因于交换能力，分工的程度，因此总要受交换能力大小的限制，换言之，要受市场广狭的限制"。③ 斯密的这个观点被后人们称为"斯密定理"。

财富的增长源于分工的发展，分工的程度受市场广狭的限制，这就是斯密思想中所包含的递增报酬思想。斯密借此要说明的是，政府不应该限制自由交易，应让市场尽可能地扩大，从而加深分工的程度，促进财富的增长。斯密在《国富论》中开篇即论分工，阐述分工是财富增长的重要来源，但他没有进一步深入下去，而是很快被商品价值和价格问题吸引走了。伟大的思想家就像上帝一样，他只给你一些启示而不会清清楚楚地给你指明，这需要凡人去领悟。斯密的分工思想就像上帝的启示一样为以后的马歇尔、阿伦·杨格、布莱恩·阿瑟等人探索递增收益问题提供了线索。

二　新古典经济学的报酬递增思想

马歇尔继承和发展了亚当·斯密分工、专业化和报酬递增思想。马歇尔不仅提出了新古典的竞争均衡分析思想，而且通过提出内部规模经济和外部规模经济以及代表性企业概念对递增收益问题进行了创新性的探索。

---

① ［英］亚当·斯密：《国富论》上卷，郭大力、王亚南译，商务印书馆1972年版，第5页。

② 同上书，第8页。

③ 同上书，第16页。

马歇尔在肯定存在报酬递减的同时，并没有否定报酬递增的存在。他试图在竞争均衡框架内处理报酬递增现象。马歇尔在工业组织标题下以六个章节的篇幅讨论了工业组织和工业效率之间的关系。在这里，马歇尔实际上是发展了亚斯密的分工学说，借助于适者生存的生物组织概念明确提出了工业组织，探讨了组织内部分工和组织之间的分工对经济效率的影响。马歇尔认为，组织增大效率的学说是旧有的，从柏拉图时代以来就有论述，但亚当·斯密比以往所有人对分工的各种利益解释得更透彻。亚当·斯密对分工带来利益的分析给读者留下深刻印象的是扣针的例子，因而更多的是局限在组织内部（企业）的分工讨论。马歇尔用组织这个概念发展了斯密的分工思想，不但更详细论述了组织内部的分工及其利益，而且论述了组织之间的分工和相互作用对组织利益的影响。由此他提出了分工在生产上所造成的内部经济和外部经济概念。内部经济是由企业内部分工带来一种货物生产规模之扩大所发生的经济，它有赖于个别企业的资源、组织和经营效率。外部经济是由组织之间的相互作用带来一种货物生产规模之扩大所发生的经济，它"有许多并不决定于个别工厂的大小。有些决定于种类相近的生产的总量；而有些——尤其是与知识的发展和艺术的进步有关的那些经济——主要是决定于整个文明世界的生产总量"①。在这里，马歇尔实际上提出了外溢性带来经济进步的观点。

马歇尔清醒地认识到经济中报酬递增、报酬递减和报酬不变是同时存在的，"自然在生产上所起的作用表现出报酬递减的倾向，而人类所起的作用则表现出报酬递增的倾向"②。报酬递增和报酬递减两种倾向不断地互相压制，如果作用互相抵消的话，就有报酬不变律。并且马歇尔认为，从发展趋势看，报酬递增律的作用是越来越大的。在那些不是从事于农产品生产的产业里，劳动和资本的增加，一般使得报酬有超过比例的增加。"在大多数原料费用无足轻重的较为精致的工业部门中，以及在大多数近代运输业中，报酬递增律所起的作用，差不多是无法抵抗的。"马歇尔是怎样处理产业中报酬递增现象的呢？他认识到由于报酬递增的存在，对于任何个别企业来说，内部经济易于发生不断的变动。一个能干的人经营的企业会在一系列有利条件下，借助报酬递增而不断壮大，以至于若干年

---

① ［英］马歇尔：《经济学原理》上卷，朱志泰译，商务印书馆1964年版，第279页。
② 同上书，第328页。

后，他和其他一两个像他这样的人，就可瓜分他所经营的那个工业部门的全部营业了。即内部经济会导致垄断企业的出现。但马歇尔认为像森林中的树木一样，枝叶茂盛的大树终有衰败的时候，企业再大也有走向不振的日子，而与此同时，新的企业正像获得了阳光和空气而成长起来的新生树木一样不断出现。因此，马歇尔认为，要考察生产上的经济对财富和人口的增长所发生的作用时，即考察报酬递增对经济增长的作用时，要考虑到两个方面的事实："一个是这些经济中有许多直接要看从事生产的个别企业的大小而定；另一个是差不多在每个行业中，大企业是不断地兴盛和衰落，在任何时间中，有些企业正在兴盛，有些企业正在衰落。"① 因此，马歇尔认为，应该用一个代表性企业来分析大规模生产的内部经济和外部经济。这样一个代表性企业"已具有相当的历史和相当的成功，它是由正常的能力来经营的，它能正常地获得属于那个总生产量的外部经济和内部经济"②。马歇尔通过这样一种方式把报酬递增纳入代表性企业的竞争均衡中。马歇尔的"代表性企业"实际上是将某一市场上的所有企业取了一个平均数。这个"平均数企业"拥有相同的内部规模经济和外部规模经济。因为是在完全竞争市场结构中，企业内部规模经济处在最优状态，处在长期平均成本的最低点，马歇尔通过代表性企业概念把内部规模经济取消掉了。报酬递增的动态获取了完全依赖于外部规模经济状况，即经济增长依赖于企业外部的因素。

马歇尔在外部规模经济和代表性企业的假设下处理报酬递增现象有其局限性，后来还引起了年轻一代学者的激烈争论。争论的焦点在于外部报酬递增和竞争（价格接受状态）均衡是否能够相容。最著名的反对者奈特（Knight，1925）就认为，马歇尔将报酬递增问题纳入静态的均衡价格理论中造成了逻辑上的混乱，马歇尔的外部递增报酬是一个"空的经济盒子"③。

马歇尔实际上也认识到经济生活中时间因素的重要性。他在序言中强调指出，"经济学家的目标应当在于经济生物学，而不是经济力学"。因此，马歇尔在其著作的附录中指出了在运用报酬递增的静态假设时所存在的局限性。这种静态假设认为，如果某商品的正常生产增加，继而又减至

---

① ［英］马歇尔：《经济学原理》上卷，朱志泰译，商务印书馆 1964 年版，第 326 页。

② 同上书，第 327 页。

③ Clapham, J. H., On Empty Economic Boxes, *Economic Journal*, 1922 (32), p. 305.

原有的产量，则需求价格和供给价格又回到它们在该产量上的原来位置。马歇尔提醒人们，"必须承认，这个理论是和现实生活脱节的"。"因为，当任何偶然的干扰使某商品的生产有了很大的增加，从而，导致大规模经济的引用时，这些经济是不易丧失的。机械工具、劳动分工和交通运输的发展，以及各种组织上的改进，一旦被利用之后，是不会轻易放弃的。"①但马歇尔也和亚·斯密一样，没有将这种动态的报酬递增思想深入分析下去，而是一头扎进静态的局部均衡分析之中，扎进价格理论的分析之中。

虽然马歇尔处理报酬递增的方式有其天生的局限性，但他毕竟注意到了经济生活中的报酬递增现象，并在理论上试图给予阐述。但在他之后，正如舒尔茨所认为的那样，大部分主流经济学家都遗忘或回避了对报酬递增现象的研究。报酬递增思想在现代增长经济学中未得到认真的对待。现代经济学的分析核心是均衡下的报酬递减思想。这种局面直到 20 世纪 80 年代内生经济增长理论兴起之后才大为改观。

三　现代主流经济学对报酬递增思想的研究

（一）"杨格定理"对斯密分工思想的重要发展

"分工一般地取决于分工"，这个被称为"杨格定理"的论断是对亚当·斯密分工思想的重要发展。它是阿伦·杨格在 1928 年 9 月 10 日就任英国科学促进协会经济科学与统计学分部主席的就职演说中提出的，后来以"报酬递增与经济进步"为题发表在 1928 年《经济学杂志》第 38 卷。杨格认为，自马歇尔以来经济学家们所建立的经济学体系和所使用的研究工具可能妨碍我们清楚地认识报酬递增现象的较一般或基本的问题。经济学家们为分析供求与价格关系所建立的框架，对于研究报酬递增的更广泛的方面看来不是特别有帮助。"否则，有名望的经济学家们就不会提出，报酬递增完全是幻想，或者在报酬递增存在的地方，它们必然会导致垄断"②。杨格试图引导人们克服一种错误倾向，这种倾向使研究者沉溺于从个别企业的成本和这个企业产品的价格中来研究报酬递增，把大规模

---

① ［英］马歇尔：《经济学原理》下卷，陈良璧译，商务印书馆 1965 年版，第 448 页。

② Allyn A. Young, Increasing Returns and Economic Progress, *The Economic Journal*, Volume 38 (1928), pp. 527–542.

生产和大生产对立起来，夸大大规模生产在造成报酬递增的一般过程中的重要性。

阿伦·杨格在肯定了马歇尔对企业内部生产性经济和外部经济的区分的积极一面的同时，指出了这种区分的消极一面。杨格认为，马歇尔的区分是富有成果的，至少在两个方面是有用的。其一是它防止了或应该防止一种普遍的错误，即报酬递增发生作用的地方必然导致实际的垄断趋势。其二是它简化了对在报酬递增情况下所生产的商品价格决定方式的分析。但马歇尔的这种从内部经济和外部经济的区分来考察产业进步的性质必然带有片面性。"产业进步过程的某些方面得到了阐释，但由于某种原因，与其他问题相关的某些重要方面是不清楚的。比如，某些生产原料和设备的企业的内部经济可以看作是其他企业的外部经济，但是，不能把所有独立的企业的内部经济加在一起，就把所有的经济称之为外部经济。"① 杨格认为，应该从前辈经济学家那里吸取那些简单而又包容的观点。

阿伦·杨格特别推崇斯密分工学说，并把斯密提出的劳动分工取决于市场范围的原理视为全部经济学文献中最有阐述力并富有成果的基本原理之一。杨格用迂回生产的概念深化斯密分工思想。他认为，表现为报酬递增的主要经济是生产的资本化或迂回方法的经济。而迂回方法的经济，比其他形式的劳动分工的经济更多地取决于市场的规模。市场的规模不是单纯的面积或人口，而是购买力。用一种包容的观点看，市场的规模是由生产的数量决定的。杨格进一步解释说，市场概念在包容的意义上是与商贸联系在一起的生产活动的总和。即市场的规模是由生产出的财富总和所决定的。因而，杨格认为在这种广义的市场概念下，斯密定理可以改为"分工一般地取决于分工"。正像杨格本人所说，这绝不是同义反复，而是对斯密定理的重大发展，它使斯密的"分工带来财富增长"的论断动态化。斯密止步于分工的程度受限于市场范围的大小，而杨格进一步提出市场范围的大小又受限于分工的程度，分工和市场范围之间是互为因果的关系。它们互相制约、互相激励。杨格认为，"分工一般地取决于分工"意味着不断战胜走向经济均衡的力量的反作用力在现代经济体制的结构中，比我们通常理解的更广泛、更根深蒂固。即杨格的推论是，财富的增

_____

① Allyn A. Young, Increasing Returns and Economic Progress, *The Economic Journal*, Volume 38 (1928), pp. 527–542.

长源于分工的发展，分工的程度受市场广狭的限制，而市场广狭又受财富大小的限制。因此，这是一个累积的作用力与反作用力的自我繁殖，是一个动态的非均衡的因果累积过程。

总之，杨格通过对当时经济学界忽视对报酬递增问题的研究提出批评，通过对斯密分工思想和马歇尔内部经济和外部经济思想遗产的继承和发展，提出了研究报酬递增问题的新思路。这个新思路主要包括三点：

第一，通过观察个别企业和个别产业的规模的变化效应，是弄不清楚报酬递增机制的，因为，产业的不断分工和专业化是报酬递增得以实现的过程的一个基本组成部分。必须把产业经营看作是相互联系的整体。

第二，报酬递增取决于劳动分工的发展，现代形式的劳动分工的主要经济，是以迂回或间接方式使用劳动所取得的经济。

第三，劳动分工取决于市场规模，而市场规模又取决于劳动分工。经济进步的可能性就存在于上述条件中，人们除了获取新知识，取得进步外，也有取得这种经济进步的可能。不论他们所追求的是经济利益还是非经济利益。

（二）阿罗"干中学"报酬递增思想

阿罗是马歇尔之后的主流经济学家中对报酬递增现象提出理论分析框架第一人。他通过借鉴所谓的"学习曲线"[1]，提出了著名的"干中学"理论。这是对亚当·斯密专业化导致劳动者技能不断提高的重要发展，也是对马歇尔外部性思想的模型化，在一定程度上解释了报酬递增的机理，并成为以后卢卡斯和罗默提出内生增长理论的一个思想基础。阿罗（1962）认为，索洛的经济增长理论严重依赖外生的技术进步，但对技术

---

[1] T. P. 怀特在1936年3月的《航空科学》杂志发表了一篇文章，在航空工业中提出了学习曲线（learning curve）概念。怀特描述了获得基于飞机组装这种重复生产的工时成本估算的基本理论。从此，学习曲线在各类工作中得到应用，从简单任务到复杂的航天飞机制造。学习曲线理论很简单，它认为重复同一个操作会导致使用更少的时间或更小的努力。在怀特的学习曲线中，隐含的假设是完成一个单元的生产所需的直接劳动工时数，会在每次生产数量加倍时，按一个固定的百分比下降。如果在数量加倍时改进的比率是20%，那么，"学习百分比"会是80%（100－20＝80）。虽然学习曲线强调时间，它也能很容易地扩展为成本，这就是经验曲线。经验曲线效应的内容比只研究劳动时间的学习曲线效应更广泛。它是说一项任务越是经常执行，做它的代价越小。任务可以是任何的产品或服务。数量每翻一番，其代价值（包括行政管理、营销、分配、制造）下降一个常量百分比。这个更广泛的效应是20世纪60年代末由布鲁斯·亨得森在波士顿咨询集团公司（BCG）首次提出的。BCG在70年代的研究观察了不同行业的经验曲线效应发现这个值在10%—25%之间。

进步的机制并没有解释。阿罗认为，关于技术进步来源问题可以从经济学之外的一些研究中得到启示。航空工程师怀特（1936）发现，随着同一型号的飞机机身生产数量的增加，新生产一架机身所需要投入的工时越来越少，工人的劳动生产率随着同一产品产量的增加而增加。阿罗由此假设技术进步可以通过经验习得，而经验是由投资活动引起的，即技术进步是经济活动的产物。他将这一假设做了进一步模型化并从中推论出几点重要的经济学含义。阿罗的推论主要包括：知识是资本形成的副产品，是经济活动的产物，带来这种知识增进的学习是偶然的事情，企业的知识积累不是有意识的；知识将在企业的生产经营活动中得到积累；知识的积累水平与社会整体投资水平有关；企业积累的知识会逐渐变成全社会的公共知识，即"干中学"有较强的正外部性，"干中学"是报酬递增的来源。

（三）内生增长理论报酬递增思想

1. 罗默知识外溢型报酬递增思想

罗默（1986）和卢卡斯（1988）各自"发现"了阿罗的"干中学"思想，并把阿罗的"熟能生巧"型的劳动者专业技能提高的技术进步导致递增报酬的假设扩展到由知识和人力资本投资的外部性带来递增报酬产生的假设，分别建立了基于知识外溢导致报酬递增的内生增长模型和基于人力资本外溢导致报酬递增的内生增长模型。阿罗的"干中学"模型继承了马歇尔解释报酬递增的方法，即把报酬递增视为由外部性造成的，而企业自身仍在报酬不变的技术下生产，所有企业都一样得到了外部经济，企业之间仍在完全竞争框架下进行分析。罗默（1986）和卢卡斯（1988）的模型从分析框架上来说和阿罗的做法类似，仍然是在完全竞争均衡框架下分析企业行为。报酬递增是由外部经济导致的，具体说是由知识或人力资本的外溢导致的。

在罗默（1986）的开启内生增长理论研究的经典论文《递增报酬与长期增长》（Increasing Returns and Long – Run Growth）题目中就明确点出了递增报酬的重要性，并把它与长期增长联系起来。我们知道，由拉姆齐（1928）、卡斯（1965）和库普曼斯（1965）等人建立的总量增长模型以及由索洛（1956）等人建立的新古典增长模型，其主要结论是在不考虑技术进步情况下，不同国家之间的工资率和资本——劳动比率将趋同，人均产出将收敛到一个零增长的稳定状态。罗默（1986）认为，这些增长模型之所以得出上述结论，就在于这些模型中假定在人均产出生产函数中假定人均资本是收益递减的。而在罗默（1986）的增长模型中，假定知识作为一种无形资本品投入生产中，它能够带来递增的边际生产率；假定其他投入不变时，消费品的产出是知识存量的一个全局凸函数。即作为知识资本存量和其他投入的消费品生产函数表现出递增报酬的特性。罗默（1986）指出，知识是私人企业投资的产物，是私人投资于研究与开发的产物，研究开发活动和生产有形商品的活动一样，需要各种投入。研究开发活动的产出包括私人知识和公共知识，企业使用私人知识、公共知识和劳动力生产最终产品和新知识，同时私人企业又对公共知识的积累做出了贡献。正是私人研究与开发活动的溢出性，使公共知识不断积累，而公共知识的存量与要素的生产率提高呈正相关。罗默假定，私人企业投资于研究与开发所获得的知识产出是收益递减的，而由劳动力和总的（公共的和私人的）知识带来的生产是报酬递增的。罗默（1986）用外部性、生产函数的递增报酬和新知识生产的递减报酬这三个假定组合在一起，构造了一个特定的竞争均衡增长模型。在该模型中，尽管存在报酬递增，但由于假定报酬递增是由外部性导致的，因此，仍然存在一个竞争性均衡。

罗默（1987，1990）模型与罗默（1986）有很大不同，罗默在 1986 论文思想的基础上借鉴了迪克西特——斯蒂格利茨模型（1977），建立了一个在不完全竞争的框架下说明报酬递增的模型，把报酬递增的来源从企业外部转向了企业内部，从而使内生增长理论从第一代发展到第二代。罗默 1987 年的"基于专业化带来报酬递增的增长"一文中试图将由于专业化带来的报酬递增进行模型化，在仅 6 页的文章中他只是提出了大致的框架，比较全面的论述是在 1990 年"内生技术进步"的文章中体现的。罗默 1990 年提出的模型中假定技术进步在很大程度上是由追求利润最大化的代理人有意识的投资行为带来的，因此，技术进步在模型中是内生的。作为一种投入的技术，其显著的特点是，它既不是传统的物品也不是公共物品，它是一种非竞争性的、部分排他性的物品。一旦投入成本开发出由一组指令组成的技术，则它可以被反复使用而不会增加额外成本。由于技术的非竞争性，完全竞争市场不能有效提供，替代它的是垄断竞争均衡。罗默认为，过去大多数总量增长模型，即使那些考虑到溢出或者外部效应的模型，都依赖于价格接受行为假定。他现在的模型是在垄断竞争的框架下说明报酬递增，他借鉴迪克西特—斯蒂格利茨模型（1977）、埃塞尔（Ethier，1982）、赫尔普曼和克鲁格曼（1985）等人的思想，引入中间产品部门，把产品种类数的增加视为技术进步，产品种类的增加是内生于厂商利润最大化行为中，因而技术是内生发展的。垄断竞争的厂商为开发一项新技术必须投入固定成本。这项固定成本由垄断厂商的垄断租金来补偿，而垄断租金源于对中间产品垄断生产所产生的规模报酬递增。

2. 卢卡斯人力资本外溢型报酬递增思想

卢卡斯（1988）对阿罗的"干中学"做出了另外一种解读。他结合舒尔茨（1963，教育的经济价值）、贝克尔（1964，人力资本）、宇泽（1965，经济增长总量模型中的最优技术进步）等人对人力资本的思想，参考罗默（1986）的研究，提出在阿罗的"干中学"过程中，劳动者通过师徒相传和不断摸索经验，形成和提高了自身的人力资本，这种人力资本形成过程具有外部效应，正是这种外部效应给企业带来递增的收益。卢卡斯将人力资本视为工人的一般技能水平，实际上他是用有效劳动时间的多少来代表人力资本的多少。卢卡斯认为，个人将会在各种各样的活动中分配他的时间，这些活动，一类是能影响他当前的生产力，另一类是影响他未来的人力资本。个人的人力资本不但会影响他自己的生产力，产生人力资本的内部效应；也会产生外部效应——它会影响所有生产要素的生产力。在卢卡斯的生产函数中加入了平均人力资本或平均技能因素，正是这个由所有劳动者的个人人力资本的积累产生的外部效应导致了递增的增长。

（四）舒尔茨重新发现杨格定理

舒尔茨特别推崇阿伦·杨格的报酬递增思想。他曾抱怨说，在研究生学习阶段他没能接触杨格的经济思想，他是在数十年之后才突然发现它的。他指出，直到最近（1988年），阿伦·杨格1928年的论文《报酬递增和经济进步》还一直被忽视。舒尔茨分析说，阿伦·杨格的思想之所以长期被忽视，是因为无论哪种报酬递增都意味着某种失衡的存在，报酬递增活动与一般均衡理论的公理性核心分析不相容。舒尔茨认为，增长经济学遗漏了经济增长过程中发生失衡现象的本质，而这种本质就是出现了报酬递增。经济学中一个长期被忽视的部分是对可观察到的失衡现象缺乏解释，舒尔茨认为，不存在经济失衡的经济增长是不可能发生的。在这方面，熊彼特的经济发展理论是引人注目的例外。他的理论中有创新能力的企业家能够发现失衡并利用这个暂时的机会而获利。

舒尔茨重新发现阿伦·杨格的经济思想后便大力宣扬和发展杨格思

想，尤其是关于报酬递增的思想。舒尔茨认为，对阿伦·杨格经济思想的重新发现带来了理论上的进步，有助于探寻和研究在全球许多国家普遍存在的报酬递增现象。

报酬递增来自何处呢？舒尔茨认为，把大自然想象成报酬递增的巨大源泉是很难的。报酬递增无论是从实践层面还是从理论分析的层面，都是人类活动的结果。其起源可能在经济体系内部或外部。起源于体系内部的那些报酬递增可以包括在熊彼特的经济发展理论中。

舒尔茨总结到，报酬递增可以源于以下因素①：（1）劳动分工；（2）专业化；（3）技术进步；（4）；人力资本的积累；（5）培训，教育；（6）在干中学；（7）知识的获得；（8）知识的外溢；（9）经济思想和知识；（10）经济制度；（11）经济组织；（12）恢复经济均衡。

在以上这些来源中，舒尔茨特别强调专业化和投资专业人力资本以获取递增报酬的重要性。舒尔茨认为，专业化、人力资本和经济现代化是相伴相随的，现代经济系统的最突出特点就是人力资本的增长，人力资本的增长带来了递增的报酬，带来了人均收入的增加。没有人力资本的增长，除了那些从财产中获得收入的人，就只有艰苦的体力劳动和贫穷。

舒尔茨并没有建立专业化和人力资本带来递增报酬的理论模型。他只是从对前人关于递增报酬思想的论述中，从对美国农业中专业化和人力资本增加带来递增报酬的实证中，从对同时代的卢卡斯（1985）、贝克尔（1985）、格瑞利希（Z. Griliches，1964）、罗默（1983）等人的相关研究的评述中指出了专业化、专业人力资本、报酬递增和增长是相伴相随的。舒尔茨以美国农业生产中"猪的生产"的专业化分工②为例，对比亚当·斯密的"制针工厂"的专业化分工，论证农业生产中的专业化分工也产生了递增的报酬。舒尔茨认为，研究开发归根到底也要依赖于专业人力资本。从广义上说，研究开发是技术进步的主要源泉，而从事研究开发必须要有专业人力资本。与此同时，研究开发方面的投资也提高了人力资本。另一类能在人类生命周期中产生递增报酬的人力资本投资是基础教育。

① ［美］舒尔茨：《报酬递增的源泉》，姚志勇等译，北京大学出版社2001年版，第8页。
② 舒尔茨举例说，猪的生产已被分成（1）培育种猪；（2）繁殖小猪并断奶；（3）把猪养肥；（4）使之成为适合市场的食用猪。

四 现代非主流经济学对
报酬递增思想的发展

(一) 杨小凯新兴古典报酬递增模型

杨小凯认为,专业化导致报酬递增。杨小凯首先对分工和专业化进行了辨析。人们经常将专业化分工放在一起来说,但杨小凯指出,专业化和分工既有联系,又有区别。专业化是指个人和单个组织经过"干中学"不断提高个体的技能和效率;分工则是个人之间和组织之间相互作用而导致的效率提高,这种相互作用的外在体现就是企业组织形式和制度的变革、市场结构的变动、企业在地理空间上的分布。分工导致了专业化,专业化的发展扩大了分工。

杨小凯在其1988年的博士学位论文《对基于专业化递增报酬的劳动分工进行模型化的一种微观经济学方法》中,对斯密的劳动分工促进财富增长从专业化带来递增报酬的角度进行了模型化,并在其后的一系列论文和著作中发展了所谓超边际分析方法,建立了新兴古典经济学,深化了人们对专业化的理解。杨小凯认为,新古典经济学主要关心资源的配置,而忽视了亚当·斯密关于专业化在决定经济组织方式中的作用的分析。正如阿伦·杨格所指出的那样,新古典经济学兴起后,亚当·斯密关于劳动分工的思想在大多数经济学家的视线之外,新兴古典经济学就是通过利用现代数理经济学对斯密的劳动分工进行模型化。

超越把企业仅仅看作一个生产函数的新古典做法,杨小凯通过假定每一个人既是消费者,又是生产者,把个人的消费决策和生产决策联系在一起,来决定在一个特定经济结构里(自给自足、局部劳动分工或完全劳动分工)人们生产和消费多少。杨小凯模型里关键参数是专业化水平和交易成本,个人的专业化水平内生于模型之中。在马歇尔之后①的新古典

---

① 马歇尔并没有忽视专业化分工对生产力提高的作用。他曾在"工业组织"的标题下用了大量篇幅论述分工的意义。但由于当时没有处理分工的数学工具,马歇尔只是用微积分(边际分析)处理了在既定个人专业化水平和既定社会分工水平下的资源最优配置问题。数学化的资源配置问题便于交流、沟通和知识积累,因而成了经济学的主流框架,而未被数学模型化的古典经济学的主流思想——分工和专业化思想在新古典经济学中却难见踪影。

经济学里，生产力的提高与厂商规模有关，与个人的专业化水平和全社会的分工水平无关，因而规模经济在新古典增长模型中具有重要意义。但在新兴古典经济学中，抛弃了新古典经济学中消费和生产分离的两分法①，从个人的专业化决策入手推导出需求和供给。新兴古典经济学强调的是专业化经济，专业化经济是范围经济，它不同于规模经济。它与每个人生产活动的范围大小有关，而不是因为厂商规模大而出现的经济效果。所有人的专业化经济合起来就是分工经济。

在杨小凯的专业化带来递增报酬的经济模型中，递增报酬与竞争均衡是相容的。他既没有使用外部经济或者外部性概念来适应竞争均衡框架说明报酬递增，也没有使用垄断竞争框架来说明报酬递增。因为，在杨小凯的专业化经济中，市场大小内生于个人生产与消费决策之中，个人需求是由其供给决定的。购买力等于生产力②，这一思想在"分工一般地取决于分工"的杨格定理中也有体现③。另外，杨小凯的递增报酬是有界限的，是局部的。专业化为什么能增加财富和生产力？杨小凯认为，古今圣贤都对此有过论述。总结起来有五点：一是分工可以节约在自给自足时改换工作的时间；二是可以节省原材料，提高工具的利用率；三是可以节省不分工时重复学习的费用；四是可以加速技能熟练过程，获得熟能生巧的好处；五是分工使每个专业操作简化和重复化，有利于新技术和新机器的发明和使用。但由于将这些好处进行模型化的数学工具迟迟没有出现，使对专业化经济的分析一直处在停顿之中，直到线性规划和非线性规划方法被杨小凯应用在分工分析之中。杨小凯设计了一个指数型生产函数来描述个人专业化的递增报酬④。在杨小凯模型中，个人的边际劳动生产率随着专业化水平（个人投入到某种生产活动的劳

---

① 在新古典经济学里，纯消费者与厂商的生产决策是分离的、对消费者而言，厂商的存在是外生给定的，纯消费者必须向厂商购买所有消费品；市场的存在和市场的大小也是外生的，纯消费者不能自给自足，不能选择专业化水平。对生产者而言，消费者的存在也是外生的，市场的存在和市场的大小也是外生的。消费者和生产者通过斯密的"看不见的手"或者瓦尔拉斯的"拍卖人"在市场上接触。

② 这一点与萨伊的"供给创造自己的需求"是类似的。

③ 劳动分工大小（生产力）取决于市场规模（购买力），而市场规模（购买力）又取决于劳动分工大小（生产力）。

④ 杨小凯假定，一个人可以从事两种生产活动生产两种 X 和 Y，用此人投入 i 种产品生产活动的劳动份额 L_i 称为他生产 i 的专业化水平，则这个人的生产函数可以假定为：$X^p = X + X^s = L_X^a$，$Y^p = Y + Y^s = L_Y^a$，X^p、Y^p 分别是他生产的两种产品的数量，X、Y 是他自用的数量，X^s、Y^s 是他向别人售卖的数量，$a > 1$ 称为专业化经济程度参数。对此人而言，$L_X + L_Y = 1$。

动份额）的提高而递增，平均劳动生产率随专业化水平提高而提高①。杨小凯的生产函数从形式看似乎显示出规模经济的特性，但杨小凯强调指出，他的专业化经济体现出的报酬递增不同于规模经济体现出的报酬递增。专业化经济和专业化水平都是对特定个人和特定活动而言，因为专业化经济来自熟能生巧和个人在特定专业里的经验积累。这些由经验和熟能生巧获得的技能并不能在人际间轻易转移。每个人都必须投入专门的时间去实践才能获得专业化技能，所以专业化经济不会超出个人的有限时间范围。即专业化经济是局部报酬递增的，它是与竞争的市场相容的。

（二）　阿瑟正反馈机制报酬递增思想

布赖恩·阿瑟（Brian Arthur）自 20 世纪 90 年代开始发表大量著作讨论发生在经济系统中的报酬递增现象。他认为报酬递增是源于路径依赖和正反馈，其思想现在已得到越来越多人的重视。

路径依赖指的在一个正反馈机制体系下，一旦外部偶然发生的事情被体系采纳，便会沿着既定的路径自我强化地发展下去，其他的甚至更优的方案很难被系统所接受。

阿瑟最早在大学读机电工程专业，后来攻读运筹学，在加州大学伯克利分校攻读运筹学博士学位的时候，参加了麦肯锡的一个项目。正是这个项目使他认识到，当他面对复杂的真实世界时，他在学校里花费了那么多时间掌握的漂亮的方程式和花哨的数学仅仅是工具，而且是很有限的工具。这个项目把他引向了经济学，他选修了大量经济学课程。但他很快发现在伯克利教室里，经济学就像纯数学的一个分支，作为经济学基础理论而著称的新古典经济学，已经把这个多姿多彩、复杂多变的世界简化成了用几页纸就能写尽的狭隘的、抽象的法则。

阿瑟发现可以用报酬递增律来研究真实世界的不稳定性、进化性，或者用"拥有者被施予"来表述。为什么高科技公司都竞相蜂拥到斯坦福附近的硅谷安营扎寨，而不设在伯克利？因为许多老的高科技公司已经设

---

① 分别对前一脚注中的生产函数求 L_i 的一阶和二阶导数，有：$\frac{dX^p}{dL_X} = aL_X^{a-1} > 0$，$\frac{d^2X^p}{dL_X^2} = a(a-1)$ $L_X^{a-2} > 0$ 和 $\frac{dY^p}{dL_Y} = aL_Y^{a-1} > 0$，$\frac{d^2Y^p}{dL_Y^2} = a(a-1)L_Y^{a-2} > 0$。产出水平对劳动投入份额的二阶导数大于零意味着边际劳动生产率（$\frac{dX^p}{dL_X}$）随着 L_X（个人投入到 X 产品的专业化水平）的增加而增加。

在那里了。即拥有者获得。为什么 VHS 电视录像系统占据了市场，虽然从技术上来说 Beta 还略胜它一筹？因为早些时候已经有一些人凑巧买了 VHS 系统的产品，这就导致录像店里出现了更多的 VHS 录像带，反过来又导致更多的人买 VHS 录放像机，以此类推。拥有者获得。

但阿瑟对报酬递增规律的宣传遇到了极大阻碍，大多数经济学家都觉得他的想法离奇古怪，经济学专业刊物不接受他的论文，学术讨论会上很多听众愤怒地质问"你竟敢说经济不是均衡的"。阿瑟幸运的是，他在物理学家、生物学家、计算机学家那里找到了知音，原来在这些领域里也遇到了同样的问题。阿瑟对报酬递增规律的坚持最终迎来了春天。阿瑟在学术上的被承认在很大程度上归功于伟大的阿罗。虽然正是阿罗的阿罗—德布鲁一般均衡体系最终建成了新古典经济学的圣殿，但阿罗本人也是对新古典经济学的简单性、静态性缺陷认识最早之人。这从他的"干中学"观点中就可以看出。阿罗是个与时俱进的人物，正是阿罗推荐阿瑟进入圣塔菲研究所，进入世界前沿学术研究的核心。这个研究所是一个以研究复杂性科学为宗旨的民间科学家团体。里面的人物都大名鼎鼎，许多都是诺贝尔奖的获得者。

阿瑟经常以 QWEHTY 键盘设计为例来说明报酬递增的概念将给经济学带来巨大的变化。按照新古典经济学的推理，自由市场总是会筛选出最佳、最高效率技术来的。但事实都是这样吗？QWEHTY 键盘就不是一个最有效率的设计方案。当初特意设计成这样是为了放慢打字人的打字速度，因为那时如果打字人的打字速度太快的话，打字机很容易卡壳。随着越来越多的人学习用这种键盘打字，越来越多的公司生产这种打字机，即使打字速度快也不会卡壳的打字机已经出现，但 QWEHTY 键盘已被成千上万的人所熟悉使用，已成为标准键盘，基本上排除了其他打字更快的键盘设计方案被采用的可能。这便是报酬递增律。

阿瑟认为，报酬递增律绝不是偶然和孤立现象，他发现在高科技领域也普遍存在。微软为研制和推销第一盘软件花费了 5000 万美元。可第二盘软件花费了多少？只花费了 10 美元光盘和包装材料费。在电器、计算机、制药业，甚至连航空宇宙方面的情况都同样如此。阿瑟说高技术几乎可以被定义为"凝结的知识"，它的边际成本几乎为零。阿瑟实际是说，在知识经济里，报酬递增是普遍规律。知识经济具有显著的网络性质，在这种市场竞争中，正反馈效应反映的是一种需求方规模经济现象，谁的产品用户数量越多，产品效用就越大，用户获得的利益就越多，从而也就能够吸引更多的用户。企业之间初始时用户基数的微小差异，将由于正反馈效应被不断放大，强者更强，弱者更弱，这是一种规模报酬递增现象。

对于罗默等人认为技术是研究和发展投资的结果的观点，阿瑟认为这个观点包含了一定的真相，但他不认为这就是事情的本质。阿瑟说，当你观察与经济学理论背道而驰的经济历史时，你会发现，技术完全不像一件商品，而更像是一个不断演化的生态系统。技术形成了一个高度相互关联的网，这些技术之网具有高度的动力，并且很不稳定。技术似乎可以像生物一样发展演化，技术 A、B 和 C 也许会引发技术 D 的可能性，并依此类推下去。这样就形成了可能性技术之网。多种技术在这张网中相互全面渗透，共同发展，产生出越来越多技术上的可能性。

阿瑟在寻找现实世界中众多报酬递增例子的同时，也在探索如何用严格的数学方式分析报酬递增现象。他从他的经验中总结出，如果他不用数学对他的报酬递增律作出分析，那么主流经济学家绝不会承认他的理论。他最终得出了建立在非线性随机进程理论之上的一组抽象的数学公式。

阿瑟从他的麦肯锡工作经历中，从他对孟加拉国人口问题的实地调查中，从遗传物质 DNA 双螺旋结构的形成中，领悟到经济活动和分子生物领域一样是一个复杂系统。在生物世界里很小的机会能够被扩大利用和积累，一个小小的偶然事件能够改变整个事情的结局。阿瑟认为在真实的经济世界里，新老不断交替，就像分子生物世界那样是个有生命的系统，具有自发性和复杂性。

五　报酬递增研究的四条路径

以上文献回顾可以总结如下：递增报酬思想与经济进步和增长思想紧密相关。从斯密（1776）明确提出分工促进财富增长以及分工程度受市场范围限制的原理之后，马歇尔（1890）进一步用内部经济和外部经济来解释递增收益现象。马歇尔之后大部分经济学家思想局限在报酬递减和不变的一般均衡框架内，忽视或回避了对报酬递增的研究。阿伦·杨格（1928）是个例外，他在 20 世纪 20 年代提出不断战胜走向均衡的力量的反作用力即递增报酬的力量在现代经济生活中极为普遍，"分工一般地取决于分工"是递增报酬实现的机制。由于在规模报酬不变假设下的索洛（1956）新古典增长模型不能解释国与国之间存在的增长率的系统差异，也不能解释保持增长率长期维持的技术进步的机制，20世纪七八十年代之后，递增报酬思想在主流经济学中重新得到重视，并相继在产业组织理论、新贸易理论、新增长理论和新经济地理理论中得到广泛的发展。

经济增长体现为报酬递增，报酬递增是一种规模经济现象，无论是内部规模经济，还是外部规模经济，都会产生递增的报酬。"递增"是一种"正反馈"，随着投入的增加，产出越来越多；产出越多，带来的投入也越来越多。

报酬递增不一定必然带来垄断。由企业内部的规模经营所产生的报酬递增可能导致垄断，但由外部经济产生的报酬递增却并不一定与垄断相联系。仔细考察，报酬递增倾向和报酬递减倾向其实存在于一切产业经济活动之中，只不过在不同的产业中和产业的不同阶段报酬递增和递减的程度不同。从最早期的农业产业到近代的制造业，再到今天的现代制造业和知识产业，报酬递增现象越来越明显，递减倾向下降，但绝不会没有了。所以，古典经济学家和新古典经济学们虽然注意到了报酬递增现象，但因体现在土地和资本要素上面的报酬递减倾向大大超过了递增倾向，他们对报酬递增问题的研究失去了实践的基础，也就无法展开和深入。而随着人类智力要素在经济活动中的作用越来越突出，知识生产的报酬递增倾向超过了土地和资本的报酬递减倾向。所以，今天有越来越多的学者展开了对报酬递增问题的探索。

当今对报酬递增的研究沿着四条路线进行（见图1-1）。

第一条是沿着马歇尔的外部经济的处理方式，引入知识外溢和人力资本的外溢，将报酬递增与完全竞争均衡相结合，它假设知识和人力资本的外溢对于企业而言是外部的，企业本身仍处在完全竞争的市场中。这条路线以罗默和卢卡斯的早期内生经济增长模型为代表。

第二条是从市场结构角度通过引入不完全竞争来分析报酬递增，这是一种基于内部规模经济的处理方式，以垄断竞争的市场结构来权衡多样化与规模化的利益，第二代新增长理论家们和新经济地理学家都属于此种思路。

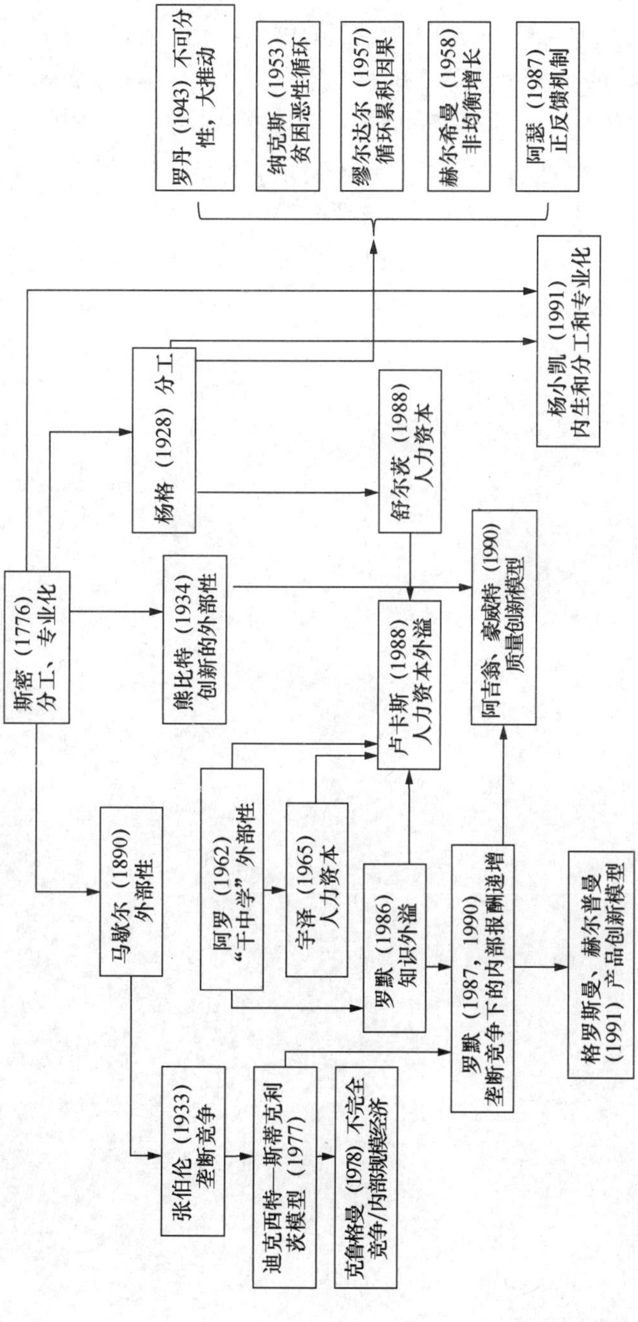

罗丹 (1943) 不可分性、大推动

纳克斯 (1953) 贫困恶性循环

缪尔达尔 (1957) 循环累积因果

赫尔希曼 (1958) 非均衡增长

阿瑟 (1987) 正反馈机制

杨小凯 (1991) 内生和分工和专业化

分工

杨格 (1928) 分工

舒尔茨 (1988) 人力资本

斯密 (1776) 分工、专业化

熊比特 (1934) 创新的外部性

卢卡斯 (1988) 人力资本外溢

阿吉翁、豪威特 (1990) 质量创新模型

马歇尔 (1890) 外部性

阿罗 (1962) "干中学" 外部性

宇泽 (1965) 人力资本

罗默 (1986) 知识外溢

罗默 (1987, 1990) 垄断竞争下的内部报酬递增

格罗斯曼、赫尔普曼 (1991) 产品创新模型

张伯伦 (1933) 垄断竞争

迪克西特—斯蒂克利茨模型 (1977)

克鲁格曼 (1978) 不完全竞争/内部规模经济

图 1-1 递增报酬思想发展路线

　　第三条路线是通过将个人的专业化水平和分工的网络范围内生化，在不假定存在外部经济的情况下，构造一个以专业化为基础的报酬递增与竞争均衡相容的分析框架，以杨小凯的新兴古典理论为代表。前三条都是在均衡框架内来处理报酬递增。

　　第四条路线是在非均衡框架内从路径依赖的角度引入历史、制度、不确定性来分析报酬递增，以阿伦·杨格的杨格定理和阿瑟的正反馈为代表。

第二章 空间上的报酬递增、
城市化与经济增长

经济增长不仅体现在时间上的报酬递增，也体现在空间上的报酬递增。城市化是报酬递增在空间上的主要表现形式。报酬递增带来了经济资源在空间上的集聚，集聚带来了进一步的报酬递增，这便是城市快速发展的原因。英国工业革命以来，城市取代了农村，成为经济发展的中心，带来了经济的持续增长。城市出现在什么地方，有其历史因素，或者有地理和偶然因素，但城市不断发展壮大则有其内在原因。报酬递增是城市化的内在驱动机制。城市的发展与空间上的报酬递增密切相关。城市化提高了要素生产率，带来了经济增长。

一 经济活动在空间上的不均衡
分布：典型化事实

（一）全球经济的不均衡分布：中心—外围体系

2011 年，亨德森等人（V. Henderson et al.，2011）在 5 月的《美国经济评论》上发表了一篇很有创意的论文。他们用从太空拍摄的地球夜间的灯光照片来测量不同地区的 GDP 增长情况。他们认为，从外太空中看到的人造光源的数量反映了人口密度和人均收入的变化，可见光的变化可以用来衡量 GDP 的增长。我们也可以从这些照片中地球各地方的夜间灯光亮度直观看到全球经济的不均衡程度。

图 2－1 中左上边发白的地方是北美，主要是美国，右上边发白的地方是欧洲，相比之下，南美洲、非洲和中亚都较暗，从中可以看出全球经济的不平衡程度。

图 2 – 1 卫星拍摄的地球夜晚（美洲、非洲与欧洲）

图 2 – 2 主要是欧洲和非洲北部部分卫星视图，可以看出西欧亮度远大于非洲。

图 2 – 2 卫星拍摄的地球夜晚（欧洲与非洲）

　　图2-3主要是东欧、东非和亚洲，可以看到日本、韩国、中国台湾和大陆沿海地区灯光较多较亮。

图2-3　卫星拍摄的地球夜晚（亚洲、东非与东欧）

　　从世界银行发布的2012各国GDP数据（见表2-1）也可以大致得出全球经济不均衡的结论。排名第一的美国国内生产总值高达16.2万亿美元，排名第十的印度约为1.8万亿美元，排名20的瑞士约为0.63万亿美元，排名50的哈萨克斯坦约为0.20万亿美元，排名100的塞浦路斯为0.022万亿美元，排名150的巴巴多斯约为0.004万亿美元，而排名185位的图瓦卢仅有约0.00004万亿美元。

（二）区域经济的不均衡分布：产业集群

　　经济活动在空间上的不均衡分布还体现在区域经济的产业集群现象。根据美国战略管理学家波特教授的定义，产业集群是一组在地理上靠近的相互联系的公司和关联机构。它们同处或相关于一个特定的产业领域，由于具有共性和互补性而联系在一起。世界各地都曾出现过很多产业集群，如美国的华尔街金融产业集群、好莱坞影视产业集群、底特律汽车集群、"128号公路"IT产业群、硅谷IT产业群，意大利东北部产业区，德国普姆沙伊德工具制造业集群，法国布雷勒河谷香水瓶集群等。

表 2-1　　　2012 年世界部分国家国内生产总值（世界银行发布）

单位：美元现价

名次	国家和地区	国内生产总值
1	美国	16244600000000
2	中国	8227102629831
3	日本	5961065540384
4	德国	3425928305281
5	法国	2611199845818
6	英国	2475781990521
7	巴西	2252664120777
8	俄罗斯联邦	2014774938342
9	意大利	2013375304004
10	印度	1858740105864
11	加拿大	1779634707766
12	澳大利亚	1532407884934
13	西班牙	1322114865733
14	墨西哥	1178126184343
15	大韩民国	1129598273324
16	印度尼西亚	878043027882
17	土耳其	789257487307
18	荷兰	770060388025
19	沙特阿拉伯	711049600000
20	瑞士	631173029582
30	阿拉伯联合酋长国	383799194081
40	以色列	257621957027
50	哈萨克斯坦	203520610288
60	安哥拉	114147030253
70	多米尼加共和国	59047202158
80	中国澳门	43582271462
90	约旦	31015239496
100	塞浦路斯	22766912960
110	刚果（金）	17203980743
120	冰岛	13578943167
130	马达加斯加	9975124872
140	摩尔多瓦	7252769934
150	巴巴多斯	4224850000
160	马尔代夫	2222429330
170	冈比亚	907430835
180	密克罗尼西亚联邦	326160961
185	图瓦卢	39875708

资料来源：世界银行中国官方网站（http：//databank. shihang. org/data/views/reports/table-view. aspx）。

就中国而言，改革开放以来，各地也出现了众多产业集群，最明显的是浙江省。浙江的许多产业集群已经成为全国乃至世界著名的专业生产基地。如浙江大唐袜业集群年产各类袜子100多亿双，产量占全国的60%以上，全球的30%以上，年工业产值300多亿元；嵊州的领带企业1000多家，年生产领带3亿多条，产值100多亿元，产量占全国的80%以上，全球的30%以上。还有浙江温州桥头纽扣集群、浙江鹿城打火机集群、浙江永康保温杯集群等。

（三）城乡经济的不均衡分布：城市化

随着经济社会发展，经济活动在城乡之间的不均衡分布更是令人震惊的。目前，全球至少有50%的人生活在城市地区里，在发达国家世界里更是高达约75%的人口生活在城市里，在发展中国家世界里平均每个月新增城市人口500万。今后20年内，全球60%的人口将生活在城市地区里。全球经济产出的80%是由城市提供的[1]。2005年，根据生活成本调整（比如用购买力平价）后对全球城市实际人均GDP排名，前25位城市的GDP占全球GDP的15%；前100位城市的GDP则占全球GDP的25%。日本东京一个城市的GDP占全球GDP的2%。东京和纽约合起来的GDP约等于加拿大或西班牙的GDP。伦敦的GDP比瑞典或瑞士的GDP高。发展中国家排名前4位的大型城市墨西哥城、布宜诺斯艾利斯、圣保罗和里约热内卢的经济产出之和占全球GDP的1.5%。南非的6个主要城市集中了全国31%的总人口和55%的国内生产总值。在中国和印度，2004年前5个最大城市的经济产出之和分别占各自国家GDP的15%。[2]发达国家更是高度城市化的国家，根据美国统计局和农业部2002年的统计资料，2000年，美国人口281422426人，城市人口218678000人，城市化水平为77.7%。全美国城市用地是92505平方英里，美国陆地面积是3537438平方英里，城市用地只占美国全部陆地面积的2.62%。根据这个统计资料不难看出，美国劳动力和资本绝大部分集中在城市。

---

① 联合国人居署：《和谐城市：世界城市状况报告2008/2009》，吴志强译制组，中国建筑工业出版社2008年版。

② 中国绿色城市研究中心：《〈世界城市状况报告2010/2011：促进城市平等〉综述》，《中国绿色画报》2012年1月4日。

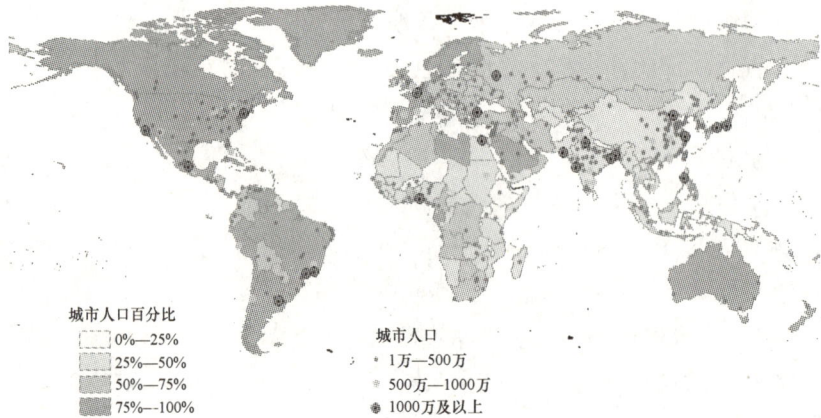

图 2 - 4　全球大城市及其人口分布

（四）城市经济的不均衡分布：块状经济

即使在同一个城市空间里，经济活动也呈现出明显的不均衡分布现象。商业街、CBD 总部区的存在就是这种块状经济现象的明证。比如在北京，IT 产业主要集中在中关村地区，而跨国公司总部大多集中在东三环附近的朝阳区内。

二　经济活动空间分布不均衡原因

经济活动在空间分布上的不均衡，即在空间上的中心—外围结构是由什么导致并维持呢？历史上有许多学者对此进行了探索，包括杜能（Johann Heinrich von Thünen，1826）的《孤立国》模型、韦伯（Alfred Weber，1909）的工业区位学说、克里斯塔勒（Walter Christaller，1933）的中心地理论和艾萨得（Walter - Isard，1956）的区域科学理论，阿龙索（Alonso，1964）单中心城市理论以及增长极理论等。

杜能的《孤立国》（The Isolate State）全称为《孤立国同农业和国民经济的关系》，其论述了农业生产在地理空间上的分布问题。杜能采用了不同于德国历史学派的抽象演绎研究方法。他假设有一个巨大的城市，坐落在一个大平原的中心，离城市最远的地方是荒野。荒野将这个城市及其周围的地区与外界隔离开，就像一望无际的沙漠中的一片绿洲，杜能称它为孤立国。孤立国没有自然河流和人工运河，土地的肥力都一样，各处都能种植和养殖各种动物。孤立国只有这一个城镇，它要向全境提供人工制品，同时从周边地区获得农产品。杜能的分析是从假定在空间上有一个人口集中的城市出发的，实际上是假定市场需求在空间上是不均衡的。杜能从各种农产品的性质、空间距离和运输成本角度论述了经济活动（主要是各种农产品的生产）围绕城市中心是如何不均匀展开的。杜能的《孤立国》是一种农业区位学说。这是德国容克地主阶级大力发展农业和英国进行贸易的实践背景下产生的一种思想。其后韦伯提出的工业区位理论则是在德国进行快速工业化的时代背景下产生的。他试图解释在德国出现的人口和产业向大城市集聚的趋势和原因。但他的最小费用区位理论并没有解释集聚形成的原因，只是描述了企业区位选择的原则。

由克里斯塔勒提出，经过廖什（A. L. ösch，1940）发展的中心地理论（Central Place Theory）提出了描述经济活动的空间集聚中心即城市的规模和分布的六边形模型。他们假设在一片自然条件均质分布的平原区域，均匀分布着收入和消费需求相同的人口，为这些人口提供商品和服务的经营活动由于受到规模经济的约束而不能均匀地分布在整个区域，再考虑到运输成本的影响，实际形成的是许多为周边居民服务的中心地，这些中心地形成等级不同的正六边形结构。中心地理论提出了一种描述经济活动空间分布结构的方案，但对集聚的原因和形成机制缺乏规范的分析，它并没有从家庭和厂商决策的相互作用中来推导出结论，也没有证明中心地的等级结构是如何从微观主体的行为中产生的，以及等级结构是如何得到维持的。因此，中心地理论对经济活动的空间不均衡分布仅是描述性质的，不是解释性质的。

1950年，法国经济学家佩鲁（F. Perroux）提出了"增长极"（Growth Pole）思想，用于解释产业之间不均衡发展的现象。他认为，增长并非出现在所有经济部门，而是以不同强度首先出现在一些增长点或增长极上（主导产业）。这些增长点或增长极通过不同的渠道向外扩散，进而对整个经济产生不同的最终影响。在佩鲁的早期表述里，还只是针对经济空间而言，没有涉及地理空间。他认为经济空间是一种存在于经济元素之间的结构关系。在这种关系中，有些元素处于支配地位，有些处于从属地位。它们的关系是不均等的。他将这种不均等类比于物理学上的"磁极"现象，认为在经济空间中也存在"极化"现象。一些产业处于向心力的中心，对其他产业起支配作用，是主导产业。其后的法国地理经济学家布德维尔（J. Bou deville，1957）把佩鲁的"增长极"思想引入地理空间含义上，把"增长极"定义为："增长极是指在城市区配置不断扩大的工业综合体，并在其影响范围内引导经济活动的进一步发展。""增长极"思想得到了广泛的关注，并被作为促进区域经济发展的一种道路。这条道路就是先使主导产业增长，然后引起一组产业增长，最终实现国民经济的增长。在空间表现形式上就是由点到面，由局部区域到整个区域。佩鲁认为，在增长极形成和发展中会产生极化效应和扩散效应。极化效应会使经济资源向中心地区和产业集聚，扩散效应会使经济资源由极点到外围不发达地区移动。在增长极发展的初期，极化效应明显，在后期扩散效应明显。增长极思想破除了新古典理论的均衡原理，更加接近区域经济不平衡发展的现实。

此外，还有"循环累积理论"、"经济梯度转移论"等，也对空间经济活动的不均衡性进行了探讨，但这些理论都是描述性的，而非解释性的。

循环累积因果关系理论是瑞典经济学家缪尔达尔在 1957 年提出的。他在研究发展中国家的经济发展时发现，如果没有政府的干预，单靠市场机制的力量，区域之间会出现穷者越穷、富者越富的"马太现象"。他认为，这是由于经济社会生活中普遍存在着的循环累积因果规律导致的。任何一个经济状态都是前一个状态的结果，有什么因就有什么果，而这个果又会反过来对前一个因施加影响。这种影响是增强型的，而不是削弱型的；带来的是正反馈的不均衡发展，而不是负反馈的均衡发展。区域间起初的很微弱的不平衡，在市场力量作用下，起初有相对优势的地区会由于其已有的优势，在以后的时期发展得更快，而相对落后的地区会更落后。这种因果关系会不断累积，使区域经济不平衡越来越大。

美国经济学家弗农等人提出"经济梯度转移论"认为，在一个较大的经济区域内，由于历史基础、地理环境和外部发展条件的不同，地区之间经济发展是不均衡的，客观上存在经济技术梯度。经济创新活动首先发生在高梯度地区，新兴产业、新产品、新工艺、新技术和新管理首先应用于高梯度地区，然后随着时间的推移逐步向低梯度地区转移。

马歇尔也曾谈到许多不同的原因引起了工业的地区分布，形成了许多不同的地方性工业。其中一个主要原因是自然条件，如气候和土壤的性质。英国的炼铁工业最初寻求木炭丰富的地区，以后又迁到煤矿附近。另一个主要的原因是宫廷的奖掖。马歇尔进一步认为，当一种工业选择了自己的地方后，它会长久设地在那里。为什么它会长久地设在那里呢？马歇尔提出了外部经济的概念来解释。马歇尔认为，分工所造成的生产上的经济有许多并不决定于个别工厂的大小，有些决定于种类相近的生产的总量，而有些——尤其是与知识的发展和艺术的进步有关的经济——主要是决定于整个文明世界的生产总量。这种有赖于工业的一般发达的经济被马歇尔称为外部经济。地方性工业的维持和发展是源于外部经济的作用。因为，从事同样行业的人互相从邻近地方得到的利益是很大的。行业秘密在本地区不再神秘。它好像空气和水一样公开，孩子们不知不觉地也学到许多秘密。一个人有了新思想，就会为别人所采纳，并与别人的意见结合起来，成为更新的思想的来源。马歇尔实际上是隐约地提出了带来外部经济的几个因素：知识的共享、劳动力的易得性、专业化的发展等。

马歇尔之后的经济学家用集聚（Agglomeration）或集群（Cluster）来解释经济活动在空间上的不均衡分布现象。胡佛（Hover，1937）曾在马歇尔的基础上明确区分了三种集聚规模经济，企业层面集聚导致的内部规模经济，地方性同一产业的不同企业集聚在一起所导致的外部规模经济；城市层面各种类型产业的企业集聚在一起所导致的外部规模经济。前文已经指出，马歇尔不但提出了内部经济和外部经济的概念和思想，而且也提出了与此有关的报酬递增和报酬递减的思想。马歇尔虽然没有区分边际报酬和规模报酬这两种场合，但他正确地指出了经济活动在空间的集聚或集群（即地方性工业的产生）来自于报酬递增规律。不过马歇尔并没有找到合适的工具把空间上的报酬递增模型化，其后的区位学家也没有建立起和主流经济学相容的一般模型，没有能够把他们的分析纳入主流经济学的分析框架之中。

经济活动为什么在空间上呈现不均衡的分布？从表面上看这主要源于两个方面：一方面，是由于经济资源在空间上的不均衡分布，比如江河湖泊的不均衡分布，物种资源的不均衡分布等；另一方面，是由于经济活动集聚效应的存在导致经济活动集中在某些地区。一是从自然界角度解释的，但它还需要进一步解释为什么一旦在某地形成经济活动中心，它一般还能够发展壮大和维持下去。二是从经济活动本身去寻找原因，但还需要进一步从微观行为主体的角度去解释集聚效应是如何产生的。集聚是怎么导致的。其背后的力量是什么。如何从微观的角度来说明。如何从单个人的行为推论出集聚行为。但无论是杜能的《孤立国》模型，还是其后的那些区位经济学家们都是事先假定有个中心，事实上是先假定经济活动在空间上是不均衡分布的，然后去描述它。但这个中心为何会形成？是怎么形成的？形成之后又是如何维持的？长期以来，研究这些问题的经济学家一直没有能够用主流经济学范式来解释它。

为什么空间因素一直没有进入主流经济学的研究框架？正如克鲁格曼所指出的那样，主流经济学对空间问题置之不理，并不是因为它在我们的生活中不重要，而是因为经济学家们缺乏合适的研究工具，即还没有找到某种方法来处理空间经济所特有的报酬递增市场结构问题，无法把空间因素模型化，所以干脆一直回避或者说不敢涉足空间经济问题。这种状况一直 20 世纪八九十年代才出现变化。1977 年，迪克西特和斯蒂格利茨提出的垄断竞争模型为解决企业内部规模经济问题带来了条件，之后的新产业组织理论、新贸易理论和内生增长理论均借助于该模型而得到发展。克鲁格曼等人也在该模型基础上，建立了解决空间报酬递增问题的规范模型。

三　空间报酬递增问题的模型化

（一）迪克西特——斯蒂格利茨模型的方法论意义

迪克西特和斯蒂格利茨提出这一模型的初衷是为了探讨企业内部规模经济存在的情况下，市场竞争能否使商品的种类和数量达到社会最优这一问题。但其后的影响是巨大的，它的处理问题的方法为研究垄断竞争市场的一般均衡解提供了有效思路。从社会福利最大化的角度说，社会希望市场上的商品既是多样化的，又是价格最低的，这就要求企业将商品价格定在边际成本处。但是，在存在多样化的情况下，即存在垄断竞争的情况下，满足边际条件的定价将会使厂商的利润为负，厂商将不能维持长期存在，市场均衡将是不稳定的。迪克西特和斯蒂格利茨巧妙地将这一"两难"问题转化为社会在商品数量规模和商品种类之间的权衡问题。商品数量多少和商品种类多少都影响消费者的效用，如何在二者之间做好权衡将影响社会福利大小。迪克西特和斯蒂格利茨模型的基本方法是，在消费方面，构造了一个结合商品数量和商品种类的效用函数来刻画消费者效用，并在预算约束下求出行业内各种差异化产品的需求函数；在生产方面，假设每一种潜在的商品都有固定的设备成本和不变的边际成本，因而生产具有规模经济特征，假设一个厂商生产一种差异化商品，每个厂商都按边际收益等于边际成本的利润最大化原则行事，厂商进入行业没有限制，直到最后一个进入的厂商利润为零。通过一般均衡分析，得出了每个厂商差异化产品的均衡产量和市场价格，以及差异化产品的种类数。其主要结论是，当考虑多样化时，即不同产品之间不能完全替代时，一般来讲，厂商充分实现规模经济时的产出量并不是最优产出量。

（二）内生演进的空间不均衡模型：中心—外围模型

克鲁格曼等人应用迪克西特—斯蒂格利茨模型，第一次在对消费者效用最大化行为、生产者利润最大化行为坚实的微观分析基础上，构造了一个厂商层面的规模收益递增的垄断竞争市场结构、消费者的需求多样化和生活成本的权衡、运输成本和要素流动等因素之间的相互作用是如何引起空间经济结构的形成和变化的模型即中心—外围模型。它解释了经济在空间上是如何演进的，不仅能说明经济活动在空间上的非均衡存在，也能说明经济活动在空间上的均衡存在。

该模型的基本假设是：所考察的经济体由两个部门构成，制造业部门和农业部门。农业部门是完全竞争的，生产单一的同质产品；制造业部门是垄断竞争的，生产有差异化的产品，具有规模报酬递增的特征。假设存在大量差异化产品，因而可把整个生产空间看成是连续的。假定制造业部门只使用一种劳动力资源即工人，农业部门也只使用农民，假定两部门劳动力资源数量供给不变。假定这个经济体是由 R 个区域组成的，每个区域的农业劳动力资源均衡分布，但各个区域制造业劳动力是随时间变化的。假设农产品的生产是规模收益不变的，且运输成本为零。制造业产品在区域间的运输成本用"冰山成本"① 形式来表示，即如果1单位的工业

---

① "冰山成本"概念是由萨缪尔逊（1952）在传统新古典贸易理论中首先明确使用的，传统国际贸易理论不考虑运输成本问题，萨缪尔逊在其关于国际贸易理论中引入了运费，但他并没有通过引入一个提供运输服务的独立运输产业分析来确定运费函数，而是假定货物可自由地被运输，但在到达目的地时有部分货物像运输中的冰块一样溶化掉了，实际到达目的地的只有一部分。通常假定1单位的货物到达目的地后只有1/D实际到达，其余（D−1）/D作为运费被溶化掉了，D>1，冰山成本也有其缺陷，它简单地假定运费与货物量成线性关系，没有考虑规模效应。但在涉及空间问题分析时，这种处理可以使问题得到简化。实际上，杜能在《孤立国》中也用过类似的方法处理运费问题。他假设城市外圈的农民运输粮食到城里去卖价格上是否可行，要考虑到来回路途中人吃马喝要消耗掉的粮食。这和萨缪尔逊的冰山成本的处理方式是一样的。

品从区域 r 运送到区域 s，那么只有 $1/T_{rs}$ 单位的产品可以到达，或者说要想在 s 区域到达 1 单位的产品，必须在 r 区域装运 T_{rs} 单位的商品。

克鲁格曼首先求解消费者效用最大化问题。参照迪克西特—斯蒂格利茨模型，假定消费者的偏好都相同，并且符合柯布—道格拉斯函数形式：

$$U = M^\mu A^{1-\mu} \tag{2-1}$$

其中，A 表示消费农产品的数量，$1-\mu$ 表示在农产品上的支出份额。μ 是在制成品上的支出比重，M 是消费工业制成品的一个综合指数，定义为在制成品种类的连续空间上的子效用函数，并且是一种符合不变替代弹性函数的特殊形式：

$$M = \left[\int_0^n m_i^\rho d_i\right]^{-1/\rho}, 0 < \rho < 1$$

其中，$M(i)$ 表示对每种差异化产品的消费量，n 表示差异化产品的种类数。参数 ρ 衡量消费者对制成品多样性的偏好程度。当 ρ 接近 1 时，差异化产品差异程度非常小，几乎是可以完全替代的。当 ρ 接近 0 时，表示消费者更愿意消费更多种类的差异化产品。可以证明，任何两种制成品之间的替代弹性为 $1/(1-\rho)$。

假设消费者收入为 Y，农产品的价格为 Pa，每种制造品的价格为 $P(i)$，则消费者效用最大化模型由（2-1）式和下面的预算约束方程（2-2）式构成。

$$p_a A ++ \int_0^n p_i m_i di = Y \tag{2-2}$$

根据（2-1）式和（2-2）式，我们可以解出消费者对农产品和各种工业品的需求函数。农产品的需求函数是：

$$A = \frac{(1-\mu)Y}{p_a}$$

对各种制成品的需求函数是：

$$m_j = \mu Y G^{(\sigma-1)}/p_i^\sigma, j \in [0,n]$$

其中，$\sigma = 1/(1-p)$ 是任意两种制成品之间的替代弹性，$G = \left[\int_0^n p_i^{(1-\sigma)} - d_i\right]^{\frac{i}{1-\sigma}}$ 定义为价格指数，表示购买一单位制成品组合 M 的最小成本。

现在考虑 r 地区某一种差异化产品所面临的、来自所有区域的消费者需求。假设一种差异化产品只在一地并由一个厂商生产，r 地区生产的差异化产品种类数和厂商数是 n_r，P_r 表示差异化产品在 r 地区的价格，那么，应用冰山运输成本处理办法，在 s 区域这种产品的价格应该是 $P_r T_{rs}$。那么，某种差异化产品的总需求是：

$$q_r = \mu \sum_{s=1}^{R} Y_s (p_r T_{rs})^{-\sigma} G_s^{\sigma-1} T_{rs} \qquad (2-3)$$

其中，G_s 是 s 地区的价格指数 $G_s = \left[\sum_{r=1}^{R} n_r (p_r T_{rs})^{1-\sigma} \right]^{1/(1-\sigma)}$，$s = 1, \cdots, R$。

其次，求解生产者利润最大化问题。假设厂商生产具有内部规模经济，这从差异化产品生产上体现出来，厂商是在内部规模经济阶段生产。不考虑范围经济和分工经济等外部规模经济。假定各个地区各种产品的生产技术满足如下方程：

$$L = F + cq$$

其中，L 为生产要素的投入数量，F、c 为参数。只用劳动一种生产要素投入，劳动价格给定为 w，则成本函数为 $wF + cwq$，固定成本为 wF，边际成本为 cw。考虑 r 地区某个差异化厂商的利润最大化问题，满足的基本条件是 $MR = MC$。$MC = cw$，$MR = P_r(1 - 1/Ed)$。Ed 是差异化产品的需求弹性，假设 Gs 是常数，则 Ed 可由 $(2-3)$ 式求出等于 σ。所以有以下等式成立：

$$p_r(1 - 1/\sigma) = cw_r \qquad (2-4)$$

厂商利润为：$\pi = p_r q_r - (w_r F + cq_r w_r)$

假设为垄断竞争的市场结构，自由进出，长期均衡时厂商利润为 0，即有：

$p_r q_r - (w_r F + cq_r w_r) = 0$，从而得到均衡产出为：

$$q_r^* = F(\sigma - 1)/c \qquad (2-5)$$

均衡的劳动投入为：$L^* = F + \dfrac{cF(\sigma-1)}{c} = F + F\sigma - F = F\sigma$。

假定 r 区域制造业劳动力总数为 L^M，则 r 区域均衡时厂商数目和产品种类数为：

$$n_r = \frac{L^M}{L^*} = L^M/F\sigma$$

由 $(2-3)$ 式、$(2-5)$ 式实现供需均衡的条件是 $q_r^* = \mu \sum_{s=1}^{R} Y_s (p_r T_{rs})^{-\sigma} G_s^{\sigma-1} T_{rs}$，即厂商的价格达到以下水平，市场实现均衡，供需相等，厂商利润为零：

$$p_r^\sigma = \frac{\mu}{q_r^*} \sum_{s=1}^{R} Y_s (T_{rs})^{-\sigma} G_s^{\sigma-1} T_{rs}$$

将最优化条件（2-4）式代入上式，可以得到制造业工人工资方程：

$$w_r = (\frac{\sigma-1}{\sigma c}) \Big[\frac{\mu}{q_r^*} \sum_{s=1}^{R} Y_s (T_{rs})^{1-\sigma} G_s^{\sigma-1} T_{rs} \Big]^{1/\sigma}$$

上述是工人得到的名义工资，除以生活费用指数 $G_r^\mu (p_a)^{1-\mu}$ 后可得到工人的实际工资为：

$$\omega_r = w_r G_r^{-\mu} (p_a)^{-(1-\mu)}$$

在经过一系列标准化后，比如选择合适单位使边际劳动投入 $c = \rho$，将农民的工资定为度量单位，设为 1；设农产品的价格也为单位价格 1。选择合适单位使制造业的工人数和农民数分别为 μ 和 $1-\mu$。则可得到简化后的 r 地区的收入方程、价格指数方程、名义工资方程和实际工资方程。

$$Y_r = \mu\lambda_r w_r + (1-\mu)\varphi_r$$

$$G_r = \Big[\sum_s \lambda_s (w_s T_{rs})^{1-\sigma} \Big]^{1/(1-\sigma)}$$

$$w_r = \Big[\sum_{s=1}^{R} Y_s (T_{rs})^{1-\sigma} G_s^{\sigma-1} \Big]^{1/\sigma}$$

$$\omega_r = w_r G_r^{-\mu}$$

在只有两个地区情况下，假设农业在两个地区平均分布，$\varphi_r = 1/2$；那么，制造业是在两个地区平均分布呢，还是集中到一个地区？设地区 1 的制造业工人比例为 λ，则地区 2 的制造业工人比例为 $1-\lambda$。可用以下 8 个方程来描述制造业在两个地区间的瞬时均衡，这 8 个方程构成了中心—外围模型的分析框架。

$$Y_1 = \mu\lambda_r w_1 + \frac{1}{2}(1-\mu)$$

$$Y_2 = \mu(1-\lambda) w_2 + \frac{1}{2}(1-\mu)$$

$$G_1 = [\lambda w_1^{1-\sigma} + (1-\lambda)(w_2 T)^{1-\sigma}]^{1/(1-\sigma)}$$

$$G_2 = [\lambda (w_1 T)^{1-\sigma} + (1-\lambda) w_2^{1-\sigma}]^{1/(1-\sigma)}$$

$$w_1 = [Y_1 G_1^{\sigma-1} + Y_2 G_2^{\sigma-1} T^{\sigma-1}]^{1/\sigma}$$

$$w_2 = [Y_1 G_1^{\sigma-1} T^{\sigma-1} + Y_2 G_2^{\sigma-1}]^{1/\sigma}$$

$$\omega_1 = w_1 G_1^{-\mu}$$

$$\omega_2 = w_2 G_2^{-\mu}$$

通过对参数赋予一定的数值，可以得出当运输成本不同时，地区间实际工资差距的变化情况，进而得出制造业活动在地区间对称分布和集聚的条件。

中心—外围模型的结论是，在起初经济活动均匀的空间中，由于存在着厂商层面的内部规模收益递增、交易成本，以及消费者对多样化产品的追求，经济系统的自身演化就可能会产生出不均衡的经济活动空间分布，形成经济活动高密度地区和低密度地区。其主要因素是交易成本（忽略文化、制度等其他所有差异，则主要是运输成本）的大小、差异化产品种类数、差异化产品支出份额大小。经济活动是分散分布还是集聚分布与经济活动受到的离心力和向心力的大小有关。其中交易成本与离心力成正向关系，交易成本较大时，经济活动在空间呈分散分布；交易成本较小时，经济活动在空间将呈集聚形态；交易成本很小时，经济活动在空间分散分布或集聚分布。规模经济大小和消费者对制造业产品支出份额大小与向心力成正向关系。支出份额较大时，说明市场潜力较大，前向联系和后向联系较大，向心力就较大。产品种类数越多，表示专业化分工越深，规模经济程度越大，向心力越大。原先条件相同的区域，究竟哪个区域会成为经济活动高密度区域是有偶然性的。一旦某个区域由于某种原因，形成了微小的吸引力，则这种力量会不断累积，这种量变最终导致质变，使原先经济活动互相对称的地区结构发生改变。一个区域成为制造业中心，另一个区域则成为制造业的外围。

四　报酬递增与城镇的发展

（一）传统城市经济理论的局限

城市是怎么出现的？城市是怎么演变发展的？为什么有不同规模的城市共存？城市体系是怎么演变出来的？城市是怎么自我维持的？

城市经济活动是典型的资源在空间上的配置活动。由于城市经济问题的研究涉及空间因素，所以过去主流经济学家很少涉足这一领域，主导城市研究的主要是城市地理学家和城市社会学家。城市空间结构是地理学家和社会学家研究的一个主要内容。地理学家侧重城市空间的物质属性，主要运用数量化技术，测度和识别城市内部空间的分异模式。社会学家强调城市空间的社会属性，从城市社会的产生、城市社会结构、城市社会组织、生活方式、社会心理、社会问题等角度研究城市问题。

虽然由于缺乏合适的分析工具，主流经济学较少涉及城市经济问题，但经济学的一个边缘学科城市经济学却一直在努力耕耘着这一研究领域。事实上，杜能的《孤立国》（1826）就是假设的一个城市，并且他是用新古典的均衡和边际方法来研究围绕着一个孤立城市的土地利用问题。杜能的分析方法在以后的城市经济学中一直是个基础。阿隆索在 20 世纪 60 年代将杜能用于解释农产品生产区位决定的孤立国模型拓展到用于解释城市内部的经济活动分布问题。他用中央商务区代替孤立国中的城市，用城市中的通勤者代替农民，构造了一个"单中心城市模型"，并用城市厂商之间的地租竞价均衡和城市居民之间的地租竞价均衡，解释了城市土地的利用问题。但孤立国模型和单中心城市模型都是在假定城市存在的前提下来考察城市周边的农业土地或中央商务区周边的土地如何利用问题，至于一个城市或者一个城市群是如何内生出现的，又是如何发展的，却不能在模型中得到解释，往往借助外部经济和集聚经济概念来说明城市的形成。

外部经济概念是马歇尔首先提出来的，他把因任何一种货物的生产规模扩大而发生的经济（也就是报酬递增的现象）的来源分为两类：一类是单个工厂自身规模扩大而带来的递增报酬，决定于个别工厂规模的大小，称之为内部经济（Internal Economies）；另一类是依赖工业的一般发展，决定于种类相近的生产的总量，特别是那些与知识增长和艺术进步相关的经济甚至决定于整个文明世界的生产总量，这类经济称之为外部经济（External Economies）。马歇尔所说的这两类经济都是指规模经济，是指随着某种货物生产规模的扩大而带来递增的报酬现象。马歇尔并没有提出"外部性"概念，马歇尔的"外部经济"思想与生产规模有关，而"外部性"的产生与规模大小无关，在任何规模水平上都可能发生"外部性"。马歇尔分析外部经济时是以地方性工业为例的，他认为外部经济往往因许多性质相似的小型企业集中在特定的地方而获得。在这里马歇尔实际是认为企业集聚在一起可以带来外部规模经济，因此，外部经济这个概念一开始就是与生产集聚联系在一起的。马歇尔分析地方性工业的利益时提到了三个方面的好处：一个是行业制造、管理和贸易的知识可以在地区内得到传播并不断更新；二是在总量很大的同一种类生产的区域里，可以吸引上下游的辅助工业为许多邻近的工业进行生产；三是地方性工业可以为专业化技能的工人提供工作机会，也能为企业随时雇佣到专门化技能的工人提供机会。马歇尔实际上提出了三种外部规模经济：一是技术发展的外部规模经济，二是中间产品和最终产品市场的外部规模经济，三是劳动力市场的外部规模经济。因为外部规模经济带来递增报酬，马歇尔并没有更进一步将外部规模经济模型化。

亨德森（Hendson，1974）用外部经济和外部不经济的均衡建立了一个城市体系模型。外部经济来源于城市中同一产业或彼此相关的不同产业在区域内的地理接近，外部不经济来自于城市规模越大带来的交通和租金成本的上升。当外部经济带来的集聚力和外部不经济带来的分散力到达均衡的时候，城市的最优规模也就确定了。亨德森的城市体系模型虽然用了外部经济的概念，但并没有分析外部经济的本质，没有从消费者和生产者自发追求的角度去分析城市的出现和发展，而是用一个假想的"城市公司"实现城市发展的均衡。亨德森的城市体系模型要解释的是经济活动的空间布局问题，但模型中并没有把空间变量纳入进去，模型本身是非空间化的，只是假设产生外部经济的活动都必须集中到城市中，并没有对外部经济和空间的关系进行模型化。

简·雅各布斯（Jane Jacobs，1969），一位自学成才的美国女记者，其作品《美国大城市的死与生》曾给20世纪美国城市规划领域带来极大震动，而其另一本著作《城市经济》（1969）则提出了城市先于农村而出现，城市的发展壮大是源于其内部的往复式系统的正常运行的反传统观点。为了说明她的观点，她虚构了一个新石器时代的贸易城市黑曜石城，这是一个靠垄断一座能制造锋利的狩猎石头的火山而发展的贸易城市。当时还是狩猎和采集时期，城市四周荒野散居着那些靠狩猎和采集生存的原始人。黑曜石城的居民用黑曜石与外部交换野生动物和植物，那时农业还没有出现。雅各布斯认为，是黑曜石城的居民偶然观察到没有吃完而散落在城市土地上的野生植物种子的混杂结出了产量更高更好的植物食物，才开始了人类有意识的作物种植以及随之而来的动物驯化养殖。由于种植和养殖需要较大的土地，它们逐渐由城市转移到城市外面广大的郊野，这样以种植和养殖为主的农村才出现。这和杜能的"孤立国模型"有异曲同工之处。

雅各布斯的城市发展往复式系统思想是指在城市发展过程中必须有这

么一个机制，即新工作要在旧工作的基础上不断创造出来。黑曜石城的故事里是在打磨狩猎火石的原有工作的基础上，制作装火石的兽皮袋以及箭杆等，还有野生动植物的储存保管及之后的驯化种植工作。在城市发展壮大的过程中新工作是怎样高效率地创造出来的呢？这里雅各布斯提出了一个城市内多样化产业是互补的，被人称为"雅各布斯外部性"的外部经济思想。马歇尔提到外部经济时特别强调了地方化工业的利益，即性质相近的生产在地理上的靠近和集中所带来的外部经济，也就是行业内的外部经济。而雅各布斯特别强调了城市内行业间的外部经济，雅各布斯认为新工作的开发来源于城市的种种无效率。对城市经济的发展而言，高效率和高发展率是矛盾着的。专业化城市往往是高效率的，但由于缺乏多样化，最终会限制其发展壮大。

新产业、新工作添加到城市的旧产业、旧工作中，增加了城市的劳动分工，产生了更大的多样性，城市发展依托的就是这样一种机制。一旦没有了新产业的添加，城市的发展就遇到了瓶颈，经济就会停滞或衰退，城市发展也会停滞或衰退。雅各布斯的往复式城市发展机制和累积因果循环思想是类似的，但如何将这种思想用数学语言模型化，它们都没有提出解决办法。它们没有表明这样一种思想是如何从家庭和厂商决策的相互作用中产生的。它们缺乏决策者的微观动机假设，也没有对市场结构和消费约束进行分析，而这正是主流经济学所重视的。

无论是杜能的孤立国还是雅各布斯的黑曜石城，无论是阿隆索的单中心城市模型还是亨德森的城市体系模型，无论是马歇尔的外部经济还是雅各布斯的往复式城市发展机制，都没能在规范的微观行为主体最大化行为的假定下，在生产和消费的自我约束和决策的相互影响下，内生地决定城市以及城市体系的出现和发展，没有把体现空间要素的重要变量之一的空间距离（体现为交通成本）纳入分析之中。

（二）内生演进的城市发展模型

克鲁格曼在核心—外围模型的基础上用新古典的方法建立了一个内生演进的城市发展模型。核心—外围模型已经从微观上的消费者的效用最大化和厂商的利润最大化行为，用迪克西特—斯蒂格利茨的垄断竞争模型，对厂商层面的报酬递增、运输成本和要素流动三者之间的互动进行了规范分析，得出的结论是：当运输成本处于某一个较低范围时，非农业经济活动会集中在一个中心地区；当运输成本较大时，经济活动是分散的；当运输成本非常小时，集聚均衡将变得不稳定。这实际上是推论了一个工业城市的诞生和维持机制。因此，克鲁格曼进一步想论证的是，在已经有了一个城市的情况下，新的城市是如何产生的？城市体系是如何产生和发展的？

1. 新城市的出现

市场潜力函数和人口规模变化是克鲁格曼在推演城市发展模型时应用的重要工具。传统的市场潜力函数（Market Potential Function）是用来描述处在某地的厂商所面临的来自各地的购买力的。它等于各地购买力的加权平均数，权重是各地离厂商所在地的距离的倒数。如果用 M_r 表示 r 地区的厂商所具有的市场潜力，D_{rs} 表示 s 地区到 r 地区的距离，P_s 表示 s 地区对 r 地区厂商产品的购买力，则 $M_r = \sum_s \frac{1}{D_{rs}} P_s$。克鲁格曼定义的市场潜力函数是：

$$\Omega_{(r)} = \frac{(\omega_r^M)^\sigma}{(\omega_r^A)^\sigma}$$

其中，$(\omega_r^A)^\sigma$ 是 r 地区代表性农业生产者的实际工资率，$(\omega_r^M)^\sigma$ 是 r 地区零利润制造业厂商愿意支付的最高实际工资率。假如 K 地区是已存在的一个城市，并已处于空间均衡的状态，所有农业工人的实际工资都是相同的，并和城市中的所有制造业工人的实际工资相等，即 $\omega_k^A = \omega_k^M$，所以现有城市的市场潜力为 1，而所有其他 $r \neq k$ 的地区，市场潜力值 $\Omega_{(r)} \leq$ 1。在这种均衡的状态下，制造业工人会聚集在现有城市中，而不是迁移到其他地区，因为其他地区所能提供的实际工资比已存在的城市制造业厂商所提供的工资要少，也比农业工人的实际工资要少。

克鲁格曼通过数值模拟得出了在不同人口规模下单中心城市市场潜力曲线的变化。随着与城市距离的增加，市场潜力函数刚开始是下降的，但后来又开始上升。不过只要人口规模足够小，那么城市以外的其他地区的市场潜力函数值都小于 1。此种情况下城市之外的厂商将不能达到收支相抵并能支付比工人现有实际工资水平更高的工资，即人口和制造业经济活动将集中于现有城市。但当人口规模增大时，市场潜力曲线将向上移，当达到某一个临界值时，市场潜力值将在城市之外的某个地方达到 1，厂商在这个地方生产将有利可图，新的经济中心和城市将会出现。个别厂商在这一临界区域建立新的工厂为更远的农村地区服务的举动将会触发空间集聚的正反馈机制，从而导致一个新的城市在该地区形成。

克鲁格曼通过数值模拟，用图形刻画了随着人口规模的逐渐增长，空间体系经过一系列分岔的演变过程。这个演变中的城市空间体系类似于克里斯塔勒和勒施的规则的六边形中心地区层级结构。在这个体系里，所有城市的规模都大致相同，但边界城市的规模总是最大的。因为在这些城市的外侧没有其他城市与之竞争。与边界城市相邻的城市规模最小，中间的城市规模大致一样，每个相邻的城市之间的距离都大致相等。

综上可知，克鲁格曼城市演进模型的外生变量是人口规模的变化，假定城市人口会随着时间的流逝逐渐增长，是一个外在的动态过程。而由市场潜力函数变化所带来的制造业工人向高工资地区的流动是一个内在的动态过程。单一城市只有在人口规模少于某个临界值时才可能达到均衡；当人口规模超过某个临界值时，新城市就会出现；当人口规模继续增长，超过下一个临界值时，会出现更多的城市。

2. 城市层级体系的形成

克鲁格曼用外生的人口规模变化和内生的市场潜力函数的变化推演出了新城市的出现和城市体系的形成，但模型中所出现的城市在均衡状态时都是一样的，无论是规模还是经济结构。这和现实中城市规模有大有小，城市产业各有特色的事实不符。因此，克鲁格曼又加入了另一个外生变量即技术。技术变化导致不同产业出现，不同产业的产品有不同的运输成本，同时不同产业的产品替代弹性不同，从而规模经济的程度不同。替代弹性越小的产品规模经济的程度越大。因此，制成品的差异会使得城市体系向层级体系演化。处在高等级位置的大城市不仅会从事低等级城市所从事的一切活动，还会从事其他更多的活动，大城市的人口增长，会通过制造业商品种类的增加，推动经济持续增长，经济永远处在规模报酬递增的状态。克鲁格曼通过微观主体分散的市场化行为，证明了城市层级体系的演化。由于难以得出解析解，他只是用数值模拟方式进行了论证。

第三章　空间上的报酬递增、创新集聚与经济增长

一　报酬递增与创新

　　经济增长表现为一个报酬不断递增的过程。报酬递增的源泉很多，技术创新是报酬递增的一个主要源泉。创新不仅在时间维度上带来递增报酬，而且在空间维度上也产生递增报酬。关于技术创新的研究文献可以说是汗牛充栋，非常丰富。科技政策学者、管理学者、经济学者分别从不同的角度在理论和实践上都对创新展开了较深入的探讨。本章主要是对创新的空间分布机理做一探讨，因此下面将首先对有关创新的理论和创新空间分布的相关研究做文献回顾。

（一）"创新"概念和思想的起源与发展

　　用百度搜索中文"创新"一词，约有多达 1 亿条信息，用谷歌搜索中文"创新"一词，多达 44600 万之多；用百度搜索英文"innovation"一词约有 3550 万条信息，用谷歌搜索英文"innovation"约有 45800 万条信息①。考虑英文是世界语言，而中文只在华人世界，尤其是在大陆和港澳台使用，由此可见国人对创新一词使用之频繁。

　　英文"innovation"一词源于拉丁语，原意是"更新、创造新东西、改变"之意。把"创新"作为一种思想，作为一种理论，一般认为最早是熊彼特于 1912 年在其德文著作《经济发展理论》中提出。熊彼特认为，"创新"就是把生产要素和生产条件的新组合引入生产体系中，也就是实现生产函数的变化。熊彼特具体指出了五个方面的创新：引入一种新

---

① 搜索日期：2013 年 6 月 26 日星期三。

产品，引入一种新工艺，开发新的市场，开发新的原材料来源，引入一种新的产业或企业组织形式。熊彼特的创新思想在其著作的英文版出版之前并没有得到多少关注，1934年其英文版著作出版后，西方学术界对其创新思想关注度越来越高。

"创新"概念的内涵不断发展。在熊彼特提出"创新"的五个方面内容之后，"创新"在罗斯托的"起飞理论"中被强调为"技术创新"。林恩（G. Lynn）认为，技术创新是"始于对技术的商业潜力的认识而终于将其完全转化为商业化产品的整个行为过程"。迈尔斯（S. Myers）和马奎斯（D. G. Marquis）认为技术创新是一个复杂的活动过程，从新思想、新概念开始，通过不断地解决各种问题，最终使一个有经济价值和社会价值的新项目得到实际的成功应用。

"创新"一词广泛进入我国语境中开始于20世纪90年代的科技界，出现了"科技创新"、"技术创新"、"知识创新"等说法。到21世纪，创新概念已被应用到社会各个领域。

（二）关于创新的理论与实证研究

自熊彼特的"创新"思想提出以后，国内外对创新理论的研究非常丰富，但现在并没有形成一个正式的、已被学术界普遍认可的创新理论。包括经济学、管理学、社会学、组织心理学、认知理论和系统论等在内的各个学科都从不同的方面对创新进行研究，因此，现在的创新理论是各种学科的混合物。关于创新的理论研究主要有以下几条线索：

第一条线索产生于理论经济学家们的研究。这条线索分别继承和发展了熊彼特的技术创新和制度创新思想。内生增长理论实际上是在假定一种完善的市场经济制度下技术如何带来经济的增长，罗默、格罗斯曼、豪威特等是从经济主体的利益最大化行为出发，提出品种多样化创新（产品创新）和质量创新（工艺创新）等。以诺斯为代表的新制度经济学家则从制度变迁的角度提出了另外一种创新理论，即从组织效率、制度、文化等角度研究创新问题。经济学家们的研究都是基于利益最大化的假设。

第二条线索产生于科技政策管理专家的研究。他们倾向于分析影响创新的政策环境，认为创新不是单一主体的事情，而是整个国家或区域的事情；创新不是单一因素带来的，而是受众多因素的影响；创新不是一个线性的过程，而是一个系统过程。这条线索的代表性理论是所谓的"国家创新系统理论"和"区域创新系统理论"。

C. 弗里曼（C. Freeman，1987）最早提出了国家创新系统理论（National Innovation System）。他是在研究日本产业技术政策和经济绩效时发现日本政府部门和民间机构在日本企业创新中发挥了重要作用。他认为，创新不是企业的孤立行为，而是涉及包括政府在内的一个复杂系统，从而提出了国家创新系统（National Innovation System）概念。他认为国家创新系统是由"一个主权国家的公私部门机构组成的网络，它们的活动和相互作用产生、引进、修改和扩散了新技术"。按照国家创新系统理论，技术和信息在人群、企业和机构间的流动对于国家层面的创新过程是至关重要的，创新和技术的发展是包括企业、大学和政府研究机构在内的所有行动主体复杂关系的结果。

在国家创新系统理论研究的推动下，库克（Cooke）于 1992 年提出了区域创新系统理论。这个理论强调的是，随着经济全球化的加深，经济区域化现象也越来越普遍。一个区域在国际上的竞争能力高低取决于该区域的创新能力。区域创新系统实际上是国家创新系统研究的拓展，它把国家这个行政区域引申到跨国家的经济区域，以及国家之内的跨行政的各层次经济区域。关注区域层面的创新的组织结构、空间结构、创新环境、创新绩效等。

在这条线索的发展过程中，管理学家波特（Porter，1990）提出了国家创新系统的钻石结构模型，从国家竞争力角度研究了影响创新能力的各个因素。纳尔逊（Nelson，1993）研究了知识的生产和创新对国家创新系统的影响。

第三条线索产生于实证经济学家和管理学家的研究。他们提出了产业创新理论、集成创新理论、破坏性创新理论以及熊彼特假说理论等。

产业创新理论的研究源于熊彼特对产业革命和经济周期的研究。熊彼特认为每一次创新浪潮都引发一次产业革命，带来一波经济增长，经济周期是由不连续的创新引起的。20 世纪 60 年代以来，大量文献实证研究了不同产业中创新对产业结构和企业竞争力的影响（张治河等，2008）。在理论方面，弗里曼（C. Freeman）和苏特（L. Soete）的《产业创新经济学》（1974）、道格逊（M. Dodgson）和罗斯维尔（R. Rothwell）的《创新聚集——产业创新手册》（1994）总结了主流研究学者在创新理论和实证方面的研究成果。但目前的产业创新研究还没有一个系统化的理论体系。

集成创新理论也是源于熊彼特的思想。熊彼特认为"创新"是一种生产要素的"新组合"。20 世纪 80 年代以来，以纳尔逊和温特、弗里曼、多西等为代表的一批学者沿着熊彼特的"新组合"创新思路，提出了"技术集成"、"用户集成"、"外部集成"、"内部集成"、"系统集成"等集成创新的概念。集成创新是作为创新的一种模式被学者们加以研究的，主要以企业对研究对象，考察企业如何利用内外部资源、相关技术实现创新。目前，集成创新的研究大都是微观层面的，针对企业个案的研究，中观和宏观层面的研究尚不广泛（张继宏，2009）。

　　破坏性创新理论的思想来源仍然是熊彼特。熊彼特认为，历史上那些根本性的创新是一种"创造性的破坏"，企业家是"创造性破坏"的创新者。创新让过去形成的固定资产贬值失效，遭到"破坏"；同时创新带来的利润刺激了新的一波投资浪潮，又创造了新的固定资产，形成了新的企业。社会就在这种不断除旧创新中得到发展。但在企业管理中首次正式引入和分析"破坏性创新"（Disruptive Innovation）概念的是哈佛大学克里斯坦森教授（Christensen）。克里斯坦森在其两部著作《创新者的困境》（*The Innovator's Dilemma*）和《创新者的解决方案：创新和可持续成功增长》（*The Innovator's Solution：Creating and Sustaining Successful Growth*）中认为，那些只是改善现有产品性能和品质的创新只是一种"维持性创新"（Sustaining Innovation），而在市场中引入新产品和新做法的创新是一种"破坏性创新"（Disruptive Innovation），只有破坏性创新才能带来巨大的商机。克里斯坦森的破坏性创新概念引起了许多管理学学者和一线管理者的关注和共鸣，产生了大量文献，对破坏性创新的内涵、从市场管理能力角度企业如何识别破坏性创新、在位企业尤其是大企业如何开展破坏性创新等问题展开了研究。目前，关于破坏性创新的理论和实证研究刚处于起步阶段，还没有形成系统规范的框架，大多限于个案研究。这方面更详细的进展可以参见陈继祥等（2009）。

　　熊彼特假说的理论发展和经验检验。熊彼特认为，只有垄断性的大企业才有创新的能力，大企业由于有垄断利润，才有实力投入研究开发，竞争性很强的小企业没有力量搞创新。人们将熊彼特的这一思想提炼成如下的"熊彼特假说"：一是大企业比小企业承担着更大的创新份额，二是市场力量与创新之间呈现正相关关系。阿罗（Arrow，1962）对熊彼特假说提出了质疑，阿罗建立了一个在竞争和垄断两种市场结构下分析企业采用一项新工艺所获得的潜在收益大小的模型。阿罗的结论是，竞争条件下的创新激励大于垄断条件下的创新激励。德姆塞茨（Demsets，1969）认为，阿罗是在不平等的基础上评价垄断和竞争的创新激励，并对阿罗的模型进行了修正，得出了与阿罗相反的结论，垄断即条件下的创新激励大于竞争条件下的创新激励。阿罗和德姆塞茨相悖的结论引起了学者们进一步用决策论模型和博弈论模型对市场结构和创新之间关系的更深入探讨，目前的结论并不一致。关于熊彼特假说的文献更多是实证研究，研究的路线主要是从企业规模和市场力量这两个方面与创新之间的关系来检验熊彼特假说，对创新的测度又分别从创新投入和创新产出两个方面来进行，创新投入一般用研究与开发支出或研究与开发人员数量来衡量，创新产出一般用专利数量、创新数量或新产品销售收入来衡量。众多实证检验的结论也不一致，熊彼特假说还没有得到最终的验证。

第四条线索来自科学哲学家和社会学家们的研究。代表性理论有行动者网络理论（Actor Network Theory）。行动者网络理论是由法国科学与技术研究学者米切尔·卡隆（Michel Callon）、拉图（Bruno Latour）和英国社会学家劳（John Law）等人提出。他们认为，过去的社会科学大部分以人类为中心，而在以人类为中心的社会科学中，有清楚的自然/社会，人类/非人类的两元论述。但这样的划分并不适合用来思考我们的世界，因为我们的世界含有许多不同的非人类（nonhumans）。行动者网络理论主张，科学知识与技术的构建不单是由社会（人）来决定，而是同时由人与非人（工具、物、被研究的对象）等构成一个"异质物的网络"来加以决定。

以上四条线索以第二条线索的研究文献最为丰富，第三条线索次之，再次是第一条线索，最后是第四条线索。但从理论体系的规范性上说，第一条线索较好，从应用角度来说第二、第三条线索和实践的联系较为密切，对创新政策的制定有较好的指导作用。

通过以上对创新概念、理论、实证等各方面研究的回顾看到，熊彼特的创新思想实际上含义是比较宽泛的，或者说是比较全面的。既包括技术创新、市场创新，也包括管理创新、制度创新等；既有对微观企业创新行为的论述，也有对宏观经济增长中创新作用的探究。但有一点是明确的，它不是指一般意义上的发明创造，而是一种有经济价值取向的新知识的呈现。

不同学科从不同角度对创新进行了理论和实证研究。科技政策学者主要从宏观层面探讨了一个国家或一个区域如何建立创新体系，并提出了相应的政策建议。管理学者则从实践的角度研究企业如何进行创新，提出了产业创新理论、集成创新理论和破坏性创新理论等。科学哲学和社会学者们则从人和非人的主体性角度提出行动者网络理论，认为创新要既见人又见物（非人），不能抱着以人为中心的老观念，人和非人（人的对象物）共同构成一个创新网络。经济学者们把创新视为技术进步的主要途径，把创新与报酬递增联系起来，把创新纳入内生增长模型中。

以往的大部分研究对创新的空间特征重视不够，少量文献关注了创新活动在不同区域的分布状态，但没有给出一个规范的理论框架来说明它为什么这样。

二　创新的空间分布与报酬递增

创新的空间分布研究主要回答以下几个问题：一是创新活动在地理空间上的实际分布情况怎样？二是创新活动为什么会发生在某个区域，即创新活动区位选择的决定因素是什么？三是创新活动在空间上分布的理论机制是什么？

现有的研究大多侧重于回答第一、第二个问题，对创新和高新技术产业的区域分布和区位选择影响因素进行了许多的探讨和计量分析。大部分的实证研究结论认为，创新活动呈现出空间不均衡的特征（Paci，2000；Audretsch，2003；Ministeri，2003；Moreno et al.，2005；Wilhelmsson，2007；Kelly，2006；罗发友，2004；范丽娜，2005；张玉明等，2007）。王铮等人（2005）的实证研究结论是，高新技术产业发生聚集的区位因子主要包括知识溢出环境、人力资本积聚、气候环境、商贸环境、交通环境和供应链环境。其中前三个因素是决定性的，后三个因素是辅助性的。对于第三个问题的研究也已有一些相关文献（Walts，1996；Baldwin，1999；Baldwin，Martin and Ottaviano，2001；Fujita and Thisse，2002）做出了贡献。藤田昌久、蒂斯（Fujita and Thisse，2002）在克鲁格曼等人提出的空间经济活动分布模型（Krugman，1980，1991；Fujita，Krugman and Venables，1999）基础上，结合内生增长理论，建立了一个集聚与增长模型，为此类问题的研究提供了一个可供参考的一般理论框架。

本章所指的"创新"是一种带有市场指向性的技术经济行为，依附于先进产业。创新是指掌握了高新技术知识并据此创造了市场上需要的新产品（全新产品或换代产品）。我们可以把知识划分为高新技术知识和普通知识，高新技术知识之所以"高"和"新"，是因为它们在一定时期内只是被少数人所掌握，并为他们带来了利益。随着新产品的发布和逐渐为人们所熟悉，模仿者将逐渐破解这些高新技术，使之变成普通知识。

也就是说，创新行为不仅停留在科学发现和技术发明阶段，而是推进到市场阶段，带来经济利益。具体而言，本章中定义"创新"为产品种类的增加或者产品质量的改进。

产品差异性越大，品种就越齐全，市场规模也就越大，消费者就越有可能寻找到满足其偏好的产品。即市场规模越大，交易双方的匹配性越强，匹配性越强的地方，销售者和消费者越容易实现交易。

（一）模型的基本假设

假设考虑的经济体有 R 个区域、两个部门：一个是普通产品生产部门①，一个是带有研发机构的创新产品生产部门。普通产品部门生产单一的同质产品，处在完全竞争的市场结构下，创新产品部门生产差异化的产品，处在迪克西特—斯蒂格利茨型的垄断竞争市场结构中。假设普通产品和创新产品的生产空间都是连续的。

假设普通产品部门的生产只使用一种要素，即普通劳动力；创新产品部门的生产使用两种要素，即普通劳动力和研发人员。普通劳动力总量固定，定义为 L，L 在区域间均衡分布，且不流动，每一区域的普通劳动力比例为外生变量，设为 $\zeta = 1/2$；假定研发人员的总量也是固定的，定义为 H，研发人员可以在区域间自由流动，任意时点 r 区域研发人员占的比重为 λ_r。

从模型要分析的对象、目的和简化推导考虑，假定普通产品在同一区域和区域之间的流通成本为零，从而各区域普通产品价格相同。创新产品在同一区域流通成本为零，而在不同区域之间有运费发生。假定知识在同一区域的研发人员之间的交流成本为零，而在不同区域研发人员之间的交流成本为一正值。

---

① 如同迪克西特—斯蒂格利茨型中假设的那样，我们可以把普通产品部门理解为创新产品部门之外的经济中其他所有部门的加总，包括普通制造品和农产品等。

创新产品部门的生产需要研发人员和普通劳动力的投入。每一种差异化产品的生产技术都是投入 f 单位的研发人员获得的，其成本作为企业生产创新产品的固定成本 F。假定创新企业一旦获得一项差异化产品的生产技术，就可以使用 C^l 单位的普通劳动力来生产一单位的这种创新产品。每一种差异化产品都由一家企业生产。

（二）差异化技术的生产描述

差异化技术是由企业投入一定资源研发出来的。那么，它的投入与产出之间有什么样的关系？对此问题做出较早和较具代表性研究的是哈佛大学格瑞利希教授（Griliches，1979）。他在研究如何评估 R&D 对经济增长的贡献时最早提出了用一个"生产"函数来描述和评估 R&D 的投入与产出之间的关系。

格瑞利希假定，在研发的投入和产出之间存在如下关系：

$$Y = F(X, K, u) \qquad\qquad (3-1)$$

其中，Y 是在微观或宏观层面测量出的研发产出水平，X 代表一个由劳动和资本等传统投入构成的指数，K 是对当前技术知识状况的度量。它部分取决于当前和过去研究开发的支出，u 是其他所有对产出和生产率有影响的未被度量的因素。格瑞利希进一步假定，K 与当前和过去的研发支出水平之间存在如下关系：

$$K = G(W(B)R, v) \qquad\qquad (3-2)$$

其中，$W(B)$ 是一个滞后多项式，描述过去和现在研发投入水平对 K 的相关贡献，B 是滞后（后移位）算子，R 是研发投入水平，v 代表其他对知识积累起作用的未被测量的因素。

$$W(B)R = (W_0 + W_1 B + W_2 B^2 + \cdots)R_t = W_0 R_t + W_1 R_{t-1} + W_2 R_{t-2} + \cdots$$

$$(3-3)$$

上述研发生产函数中需要进一步确定是 $F(\ )$ 和 $G(\ )$ 的具体表达形式，为了既能说明问题又不失简单性，格瑞利希将 $F(\ )$ 假定为柯布—道格拉斯形式：

$$Y = DC^\alpha L_\beta K\gamma e^{\lambda t - u} \qquad\qquad (3-4)$$

其中，D 为常数，t 是时间指数，e 是自然对数的底，α、β、γ 和 λ 是待估计的参数，C 是传统资本，L 是传统劳动，K 是技术存量。格瑞利希认为，如果有更全面和更完善的数据，也可以对生产过程采用更复杂些的描述，使用更一般性的生产函数形式如不变弹性函数（CES）或者超越对数函数。

格瑞利希的知识生产数量模型为后来研究奠定了基础，杰斐（Jaffe，1989）、安塞林（Anselin，1997）、菲舍尔（Fischer，M. and Varga，A.，2001）等人在此基础上设计了许多计量模型来评估研发在机构和区域之间的溢出程度。格瑞利希等人的技术生产函数将对技术的研究从技术与增长关系中独立出来，如同将劳动力、物质资本从增长表达式中独立出来形成了人口经济学、金融学一样，对技术的专门研究也形成了技术经济学，它为更深入地了解技术发展的规律提供了有效的工具，但在使用这个工具时我们要注意到以下问题：

一是该技术生产函数如同传统生产函数一样，它只关注投入和产出两端，至于过程如何，它无法反映。因而，在它这里技术的生产过程仍然是个"黑匣子"。它抽象地反映了研发的一般关系，但对研发内部的结构、组织等没有反映。它适合于宏观总体或个体平均情况的研究。

二是它所涉及量的确定和衡量是一个难题，这个难题其实在新古典经济学的生产函数中对资本的衡量中就已存在。研发的产出 Y 用什么来衡量呢？是专利数量、论文数量、新产品种类数、新产品产值、质量改进，还是这些指标都在一定程度上反映了创新的程度，但都是部分反映。格瑞利希（1990）曾对此评论说："我们希望专利统计能够提供对这种活动的产出的一种理想衡量，能够对生产可能性前沿的向外移动的速度提供一种直接的指示。然而现实离此目标还很远。寻求一种衡量发明活动产出指标的梦想，是该领域经济研究中强有力的激励力量之一。"

罗默（1990）在格瑞利希等人思想的基础上，考虑到知识的非竞争性，所有研发人员都可以同时使用现有知识，罗默假定研发人员都可以免费获得全部知识存量。罗默设计了如下动态知识生产函数：

$$\dot{A} = \delta H A \qquad\qquad (3-5)$$

其中，H 是研发活动中雇用的全部人力资本，A 是一个经济体的知识或技术存量，$\dot{A}$ 是单位时间新增知识或技术数量。

罗默的知识生产函数假定知识产出与研发人员的数量呈线性关系（当知识存量一定时），当研发人员数量固定时，知识产出与知识存量呈线性关系。知识增长率（$\dfrac{\dot{A}}{A} = \delta H A$）与研发人员投入数量成比例关系，但这种比例关系与经验研究不相符合（Jones，1995a），因此，琼斯（Jones，

1995b) 对罗默的知识生产函数进行了修正。琼斯假设：

$$\dot{A} = \delta L_A^\lambda A^\phi \qquad (3-6)$$

琼斯对罗默的知识生产函数做了两个修正：一个是增加了一个参数 ϕ，ϕ 的取值可以大于零、小于零或者等于零。琼斯认为，知识生产中可能存在正的溢出效应，这时 $\phi > 0$，知识生产报酬递增；也可能存在这种情况，最明显的创意都被发现了，因此研发人员发现一个新主意的可能性在知识存量水平上是下降的，这时 $\phi < 0$，知识生产报酬递减；$\phi = 0$，则表示这样一种可能，新思想的增加独立于知识存量，知识生产规模报酬不变，或者说是零外部报酬。另一个是增加了一个参数 λ，琼斯的 L_A 等同于罗默的 H。琼斯认为，考虑到在某一时点上，由于重复或者重叠研究的存在，会降低 L_A 单位研发人员的创新数量，所以他假设产出不与 L_A 成比例，而与 L_A^λ 成比例，其中，$0 < \lambda \leq 1$。这样，当 $\phi = 1$，$\lambda = 1$ 时，琼斯模型便回到罗默模型。琼斯认为，罗默模型中令 $\phi = 1$ 太武断。

本章后面的研究假设不存在重复和重叠创新（即琼斯模型中的 $\lambda = 1$），投入每一个研发人员都有相应产出，并且假定在点经济体（不考虑空间因素的经济体）中，所有研发人员具有相同的知识生产力，单位时间内创新产出为 $\dot{A} = \delta L_A^\lambda A^\phi$，其中，$L_A$ 为总研发人员数，δA^ϕ 为平均知识生产力。平均知识生产力不仅与存量知识资本正相关，而且还与研发人员学习吸收存量知识的能力有关，并与个体之间的知识激发强度有关。

假设单个研发人员实际具有的知识资本为 h_j，$h_j = \delta_j A^\phi$。δ_j 为个体对公共知识存量的吸收学习能力。我们假设个体之间的知识激发所导致的知识生产力满足 CES 函数形式，即平均知识生产力（用 K 表示）为：

$$K = \left(\sum_{j=1} h_j^\beta \right)^{1/\beta} \qquad (3-7)$$

β 表示研发人员之间的知识激发强度，$\beta \in (0, 1)$。β 越小，表示相互激发强度越大，进而带来的创新生产力也越大；β 越大，表示相互之间激发程度越弱，相互之间思想激发碰撞的机会越少，进而带来的创新生产力也越小。

将 $h_j = \delta_j A$ 代入 (3-7) 式，有：

$$K = \left(\sum_{j=1} \delta_j^\beta A^{\phi\beta} \right)^{1/\beta} = A^\phi \left(\sum_{j=1} \delta_j^\beta \right)^{1/\beta} \qquad (3-8)$$

如果假定所有研发人员的学习吸收能力都相同，即 $\delta_j = \delta$，那么点经济体的知识生产力可以简化为 $K = \delta A^{\phi}$。若研发人员总数为 L_A，则单位时间内创新产出为：$\dot{A} = \delta L_A A^{\phi}$，这正是琼斯模型的简化版。

（三）加入空间因素后的差异化技术生产函数

现在考虑的不是点经济体，而是线经济体、面经济体或者三维空间经济体。假定考虑一个光滑球面上的经济活动，球面上有许多点经济体，这时候我们要考虑空间因素对经济体的影响。

那么，空间的本质是什么？空间的本质就是距离。距离包括有形的物理距离和无形的文化、制度、政治、语言、心理距离。无论哪种距离，都会产生交流成本。

空间因素对经济活动的影响是只有横向的经济配置效应呢，还是也有纵向的经济增长效应？这一点在新古典经济学中是如何体现的？在空间经济学中又是如何体现的？新古典经济学不考虑空间因素，也不考虑时间因素以及制度因素，在新古典经济学框架里，交易是瞬间完成的，所有生产者和消费者都生活在一个点上，即使散布在一个平面上，也假定是一个所谓的均质空间，不存在运输问题。因此新古典经济学根本就没有讨论空间因素对经济活动的配置效应和增长效应。新古典的贸易理论包括亚当·斯密和李嘉图的绝对成本和比较优势理论，以及俄克谢林的要素禀赋理论，都是从抽象的生产成本角度谈贸易的好处，避开了地理问题。大部分模型讲述的都是一个没有运输费用世界的故事。传统的区域经济学强调空间的异质性，地理经济学只有对地理的描述没有经济，都没有建立基于理性个人行为假设的均衡模型。在这样一个模型中，你会清清楚楚地知道钱是从哪里来的，又到哪里去了。

空间经济学认为，新古典均衡模型中的竞争具有经济配置效应，但没有增长效应，因为它带来的是不变报酬；而经济活动在空间上展开的分工和专业化则带来递增报酬，它产生的是增长效应。

下面分析最简单的两区域情形，区域 1 的研发人员数量占总研发人员数量 L_A 的比重为 $\lambda_1 = \lambda$，区域 2 研发人员数量则为 $\lambda_1 = 1 - \lambda$。

点经济体内研发人员知识激发交流时所携带的知识资本没有损失，激发交流成本为零，但在区域之间由于距离、文化、政策、语言等因素会造成区域之间的激发交流成本为正，我们用 D（$1 \leqslant D \leqslant \infty$）来表示个人知识资本在区域之间的交流成本状况。交流成本采用"冰山成本"形式，即一单位的个人知识资本从一个区域运动到另一个区域交流激发时，只有

$1/D$ 单位的知识到达另一区域,其余 $(D-1)/D$ 单位的知识在交流途中损耗掉(融化)了。用 $h(j)$ 来表示研发人员 j 个人所拥有的知识资本量,则我们可以把区域 $r(r=1,2)$ 的知识生产力 K_r 定义为一个 CES 函数形式:

$$K_r = \left[\int_0^{\lambda_r} h(j)^{\beta_r} dj + \int_0^{1-\lambda_r} \left(\frac{h(j)}{D} \right)^{\beta_r} dj \right]^{1/\beta_r} \tag{3-9}$$

前面已经假定个人所拥有的知识资本量与知识或技术存量 A 之间存在正向关系:$h_j = \delta A^{\phi}$,那么(3-9)式可进一步写为:

$$K_r = \delta A^{\phi} [\lambda_r + D^{-\beta_r}(1-\lambda_r)]^{1/\beta_r} \tag{3-10}$$

讨论 D 的取值对 K_r 的影响:D 取 1 时,即在区域之间知识的流动没有损耗的情况下,$K_r = \delta A^{\phi}$,知识生产力在两个区域相同,成为整个经济体的公共物品,不仅仅局限于单独区域;D 取无限大时,$K_r = \delta A^{\phi} [\lambda_r]^{1/\beta_r}$,知识生产力只是区域公共物品,区域间的知识交流完全阻隔。

单位时间 t 内区域 r 所研发出的新差异化产品技术种类数为:

$$n_r = K_r \lambda_r = \delta A^{\phi} [\lambda_r + D^{-\beta_r}(1-\lambda_r)]^{1/\beta_r} \lambda_r \tag{3-11}$$

对于区域 1,单位时间 t 内新增差异化产品生产技术为:

$$n_1 = K_1 \lambda_1 = \delta A^{\phi} [\lambda + D^{-\beta_1}(1-\lambda)]^{1/\beta_1} \lambda \tag{3-12}$$

对于区域 2,单位时间 t 内新增产异化产品生产技术为:

$$n_2 = K_2 \lambda_2 = \delta A^{\phi} [D^{-\beta_2}\lambda + (1-\lambda)]^{1/\beta_2}(1-\lambda) \tag{3-13}$$

综合上述,单位时间 t 内整个经济体中创新产品种类的增量为:

$$\dot{A} = n_1 + n_2 = K_1\lambda_1 + K_2\lambda_2 = \delta A^{\phi}[\lambda + D^{-\beta_2}(1-\lambda)]^{1/\beta_1}\lambda + \delta A^{\phi}[D^{-\beta_2}\lambda + (1-\lambda)]^{1/\beta_2}(1-\lambda) \tag{3-14}$$

如果我们令 $g_1(\lambda) \equiv [\lambda + D^{-\beta_1}(1-\lambda)]^{1/\beta_1}$,$g_2(\lambda) \equiv [D^{-\beta_2}\lambda + (1-\lambda)]^{1/\beta_2}$

那么有

$$g(\lambda) \equiv \lambda g_1(\lambda) + (1-\lambda)g_2(\lambda) \tag{3-15}$$

则(3-14)式可以简化写为:

$$\dot{A} = \delta A^{\phi} g(\lambda) \text{ 或 } \frac{\dot{A}}{A} = \delta A^{\phi-1} g(\lambda) \tag{3-16}$$

(3-16)式表明,在知识或技术存量一定时,知识或技术的瞬时增长速度与 $g(\lambda)$ 正相关。而它的大小与 λ 和 β 等因素有关。

（四）全局创新速度与创新主体空间分布间关系

假定取 $\delta = 1$，$\phi = 1$，则有 $\dfrac{\dot{A}}{A} = g(\lambda)$，即 $g(\lambda)$ 就是整体经济在 t 时刻的瞬时创新速度，它随研发人员的空间分布不同而不同。不同区域由于文化传统、政策、制度等因素个体之间的知识激发强度是不一样的，即 $\beta_1 \neq \beta_2$，这是区域不对称假定。为了简化分析，我们忽略这些因素，假定区域 1 和区域 2 是对称的，则有 $\beta_1 = \beta_2 = \beta$。在此简要讨论：当 $D = 1$ 时，不论 λ 取值如何，都有 $g(\lambda) \equiv g_1(\lambda) \equiv g_2(\lambda) 1$。即如果区域之间知识交流成本为零，则研发人员在空间上的分布状况对各区域以及整体经济的创新增长速度没有影响。但当 $D > 1$ 时，则存在 $g(0) = g(1) = 1$，$g'(\lambda) \gtreqless 0$，如果 $\lambda \gtreqless \dfrac{1}{2}$；并且存在：

$$g''(\lambda) > 0, \ \lambda \in [0, 1] \tag{3-17}$$

即 $g(\lambda)$ 是一个关于 1/2 对称的上凹函数[①]（见图 3-1）。（3-17）式说明，当区域之间有交流成本时，研发人员都集聚到一个区域内时，则经济体中的新产品种类将以最快的速度增长；而当研发人员越趋向分散分布时，新技术开发速度就越低；当研发人员为均衡分布时，则新产品种类的增长速度为最低。从 $g(\lambda)$ 的表达式中可以判断出，当 D 向 1 趋近时，$g(\lambda)$ 曲线上移，并在 $D = 1$ 时达到最高处，这表示区域间知识交流的成本会阻碍创新的整体速度。这有很强的政策含义，如果区域之间能够创造有利于知识交流的环境，则有利于整体经济的发展。

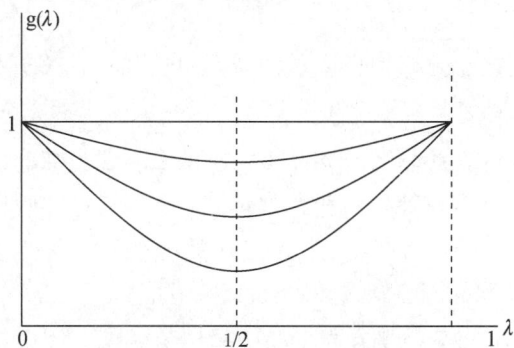

图 3-1　$g(\lambda)$ 曲线

[①]　详细推导请见附录 1。

从上面的分析知道，当区域间存在知识交流的损耗时，研发人员即创新活动在不均衡分布时，新技术的增长速度最快。那么，研发人员是否会有集聚的动力？如果有，这种集聚均衡是否稳定？我们假定研发人员会流向实际工资高的区域，流出实际工资低的区域。下面我们要推理的是，研发人员在不同的空间分布情况下其实际工资会如何变化？

三　创新活动集聚与分散的条件

（一）消费者行为

假设所有消费者对普通产品和创新产品都具有相同的偏好①，将其某一时点的瞬时效用函数定义为柯布—道格拉斯形式：

$$U = M^{\mu}X^{1-\mu} \tag{3-18}$$

其中，M 代表消费者对所有种类的创新产品消费量的综合消费指数，X 是消费者对普通产品的消费量。μ 是消费者在创新产品上面的支出份额，$1-\mu$ 是消费者在普通产品上面的支出份额。消费指数 M 是一个定义在创新产品种类连续空间上的子效用函数，用 $m(i)$ 表示第 i 种可得创新产品的消费量，用 n 表示创新产品种类数。假定 M 采取一种特殊的函数形式——CES 函数，使得每两种创新产品之间的替代弹性为常数，并且相等：

$$M = \left[\int_0^n m(i)^{\rho}di\right]^{1/\rho}, \rho \in (0,1), i \in [1,n] \tag{3-19}$$

参数 ρ 为多样化偏好率，表示消费者对创新产品多样性的偏好程度。ρ 越小时，表示消费者更倾向于多样化产品；ρ 越大时，表示消费者越不重视产品的多样性，产品之间的可替代性越强。这种常替代弹性函数是迪克西特和斯蒂格利茨在处理消费者对差异化产品选择时所首次采用的。在这种偏好形式下，每两种创新产品之间的替代弹性是常数，定义为 σ。$\sigma \equiv 1/(1-\rho)$。

由于假定普通产品市场存在的是完全竞争的单一同质产品，又假定它们在区域间的流动没有成本，所以，将普通产品选择为计价物，即把它们在

---

① 此处不考虑区域因素，一般性地分析消费者行为。

任意时间和任意空间的价格标准化为 1。我们用 ε 来表示消费者在 t 时期内的消费支出，$p(i)$ 表示第 i 种创新产品的价格，那么消费者的选择就是在以下的预算约束条件下使其效用最大化。

$$X + \int_0^n p(i)m(i)di = \varepsilon \tag{3-20}$$

我们分两个步骤来解这个最优化问题。首先要考虑的是，不论 M 是多少，都要选择每一个 $m(i)$，使消费者获得创新产品组合 M 的成本最小。即首先解决下述成本最小化问题：

$$\min \int_0^n p(i)m(i)di \quad \text{s.t.} \left[\int_0^n m(i)^\rho di\right]^{1/\rho} = M \tag{3-21}$$

上述最小化问题可用拉格朗日方法求解，得出其一阶条件是任意两种创新产品之间的边际替代率等于其价格之比：

$$\frac{m(i)^{\rho-1}}{m(j)^{\rho-1}} = \frac{p(i)}{p(j)} \tag{3-22}$$

由（3-22）式可得到 $m(i) = m(j)\left[p(j)/p(i)\right]^{1/(1-\rho)}$，将该表达式代入此最小化问题的约束条件 $\left[\int_0^n m(i)^\rho di\right]^{1/\rho} = M$ 中，并将公共项 $m(j)p(j)^{1/(1-\rho)}$ 放到定积分符号的外边，可以得到第 j 种创新产品的补偿需求函数：

$$m(j) = \frac{p(j)^{1/(1-\rho)}}{\left[\int_0^n p(i)^{\rho/(\rho-1)}di\right]^{1/\rho}} M \tag{3-23}$$

将（3-23）式代入创新产品组合 M 的最小成本表达式中：

$$\int_0^n p(j)m(j)dj = \int_0^n p(j)\frac{p(j)^{1/(1-\rho)}}{\left[\int_0^n p(i)^{\rho/(\rho-1)}di\right]^{1/\rho}} Mdj \tag{3-24}$$

将公共项放到定积分符号外面，并注意到：

$$\int_0^n p(j)p(j)^{1/(1-\rho)}dj = \int_0^n p(j)^{\rho/(\rho-1)}dj = \int_0^n p(i)^{\rho/(\rho-1)}dj \tag{3-25}$$

（3-26）式可整理为：

$$\int_0^n p(j)m(j)dj = M\frac{\left[\int_0^n p(i)^{\rho/(\rho-1)}dj\right]}{\left[\int_0^n p(i)^{\rho/(\rho-1)}dj\right]^{1/\rho}} = \left[\int_0^n p(i)^{\rho/(\rho-1)}dj\right]^{(\rho-1)/\rho} M$$

$$\tag{3-26}$$

（3-26）式右边第一项是创新产品组合 M 的价格指数，我们用 G

表示：

$$G \equiv \left[\int_0^n p(i)^{\rho/(\rho-1)} dj \right]^{(\rho-1)/\rho} \tag{3-27}$$

由于替代弹性和多样性偏好之间存在 $\rho \equiv (\sigma-1)/\sigma$ 的关系，也可以把价格指数表述成：

$$G \equiv \left[\int_0^n p(i)^{1-\sigma} dj \right]^{1/(1-\sigma)} \tag{3-28}$$

价格指数 G 也可以被看作是支出函数，它和效用函数 M 是对偶关系。将（3-28）式代入（3-23）式，可得：

$$m(i) = \left[\frac{p(j)}{G} \right]^{1/(\rho-1)} M = \left[\frac{p(j)}{G} \right]^{-\sigma} M \tag{3-29}$$

接下来要解决的问题是支出 ε 在普通产品消费数量 X 和创新产品消费数量指数 M 之间如何分配，即归结为求解下述问题：

$$\max U = M^\mu X^{1-\mu} \quad s.t. \ GM + X = \varepsilon \tag{3-30}$$

用拉格朗日方法求出的解为：

$$M = \mu\varepsilon/G, X = (1-\mu)\varepsilon \tag{3-31}$$

把以上求解结合起来，可以得到用支出和价格表示的马歇尔需求函数。

对普通产品，需求函数为：

$$X = (1-\mu)\varepsilon \tag{3-32}$$

对创新产品，每一种类的需求函数为：

$$m(j) = \mu\varepsilon \frac{p(j)^{-\sigma}}{G^{-(\sigma-1)}}, j \in [0,n] \tag{3-33}$$

把（3-31）式代入（3-18）式，可以得到以价格和支出表示的间接效用函数：

$$V = \mu^\mu (1-\mu)^{1-\mu} \varepsilon G^{-\mu} \tag{3-34}$$

其中，$G^{-\mu}$ 是该经济体的生活费用指数。

现在来考虑不同区域情况下的创新产品的价格指数和需求函数。假设每种差异化创新产品只在一个区域生产，所有特定区域生产的产品都是对称的，有相同的市场份额和相同的价格。即对于同一区域的所有差异化产品 i（从 1 到 n），都有 $q(i) = q$ 和 $p(i =)p$。前面已假设差异化产品在区域内部流通成本为零，但在区域之间流通时有成本发生。我们将这种成本按"冰山成本"形式处理，即一单位的产品从区域 r 运送到另一个区

域 s 时,由于流通成本的存在, 将只有 $1/T_{rs}$ 数量的产品到达, T_{rs} 用来衡量流通成本的大小。$T_{rs}=1$ 时流通成本为零（此时, $r=s$）, $T_{rs}\to\infty$ 时($r\neq s$）, 区域间流通不可能。若用 p_r 表示 r 区域差异化产品的出厂价（或称离域价）, 则这种产品在另一区域 s 的消费价格将为:

$$p_{rs}=T_{rs}p_r \tag{3-35}$$

由于流通成本的存在, 各区域差异化产品的价格指数会有所不同。用 G_s 表示考虑了流通成本后的 s 区域差异化产品价格指数, 用 n_r 来表示 r 区域差异化产品种类数。则根据（3-28）式和上面的假定得到:

$$G_s=\Big[\sum_{r=1}^{R}n_r(p_rT_{rs})^{1-\sigma}\Big]^{1/(1-\sigma)},s=1,\cdots,R \tag{3-36}$$

假设 r 区域消费支出为 ε_r, s 区域消费支出为 ε_s, 那么根据（3-33）式可写出 s 区域对 r 区域生产的一种创新产品的需求量为:

$$\mu\varepsilon_s(p_rT_{rs})^{-\sigma}G_s^{\sigma-1} \tag{3-37}$$

因为一单位的产品从 r 区域流通到 s 区域只有 $1/T_{rs}$ 部分到达, 所以要流通到 s 区域 1 单位产品销售, 必须在 r 区域装运 T_{rs} 倍的数量。因此, r 区域产品在全局经济中的需求量为:

$$q_r=\mu\sum_{s=1}^{R}\varepsilon_s(p_rT_{rs})^{-\sigma}G_s^{\sigma-1}T_{rs} \tag{3-38}$$

（二）生产者行为

1. 利润最大化

根据前面的假设, 普通产品的生产只使用普通劳动力, 并且普通产品处于完全竞争市场结构中, 其投入要素的价格, 即各区域普通劳动力的工资率等同, 以此工资率为计量单位, 将普通劳动力的工资率标准化, 即有:

$$w_r^L=1 \tag{3-39}$$

前面已经探讨过 r 区域创新产品生产部门取得一项差异化产品生产技术需要固定投入 f 单位的研发人员, 设研发人员的工资为 w_r, 则创新产品企业固定投入为 $F_r=w_rf$。变动投入部分为普通劳动力, 假设和普通部门一样生产 1 单位的差异化产品需要 C^L （为简单起见, 假设 $C^L=1$）单位的普通劳动力, 假设 t 时期内产量为 q_r, 则变动成本为 $C^Lq_rw^L=q_r$, 那么创新企业所得利润为:

$$\pi_r=p_rq_r-q_r-w_rf \tag{3-40}$$

在价格指数 G_s 给定①情况下，假定所有厂商都选定各自的产品价格，因此需求弹性等于 σ。利润最大化的一阶条件为 $MR = MC$，注意到 $MR = p_r(1 - 1/\sigma)$，则有：

$p_r(1 - 1/\sigma) = 1$，由此得到均衡价格：

$$p_r^* = 1/(1 - 1/\sigma) = 1/\rho \qquad (3-41)$$

垄断竞争下的厂商均衡时利润为零，根据（3-40）式有：

$$q_r^* = w_r f/(p_r - 1) \qquad (3-42)$$

将（3-41）式代入（3-42）式，整理后得到创新部门任何厂商的均衡产出：

$$q^* = w_r f(\sigma - 1) \qquad (3-43)$$

r 区域研发人员数量为 $H\lambda$，因为每一种差异化产品唯一地由一个厂商生产，每个厂商对研发人员的需求是 f，所以均衡时区域 r 内产品种类数目为：

$$n_r = H\lambda_r/f \qquad (3-44)$$

2. 研发人员的工资方程

创新产品部门市场均衡时，均衡产出等于需求，由（3-38）式和（3-43）式，可以得到：

$$w_r f(\sigma - 1) = \mu \sum_{s=1}^{R} \varepsilon_s (p_r T_{rs})^{-\sigma} G_s^{\sigma-1} T_{rs} \qquad (3-45)$$

将（3-41）式代入（3-45）式，整理后得到：

$$w_r = \frac{\mu \rho^{\sigma}}{f(\sigma - 1)} \sum_{s=1}^{R} \varepsilon_s (T_{rs})^{-\sigma} G_s^{\sigma-1} T_{rs} \qquad (3-46)$$

（3-46）式就是研发人员的名义工资方程，在给定所假定的外生参数及各区域支出水平、价格指数、流通成本下，就可以计算出各个区域创新产品部门均衡时研发人员的工资水平。工资方程表现出各区域支出水平越高、流通成本越低、价格指数越低，则工资水平越高。上述工资方程是在假定垄断竞争的创新企业自由进出是瞬间完成的，利润时时为零，研发人员也没有超额工资的情况下取得的。方程中 w_r 表示的是创新部门厂商数目不为零的任何地区现行的工资。从长期看，这个工资水平也就是研发

---

① 把价格指数看作常数，是假定厂商之间没有策略性行为，一个厂商的选择行为不会影响到另一个厂商。这实际上是假定厂商数目（差异化产品种类数目）很大，可以忽略单个差异化产品价格变化对其他差异化产品价格和产量的影响。即假定交叉价格弹性为零。

人员的供给价格。但从短期来看，两者可能不相等，只要两者有差异，就会产生动态调整。

3. 价格指数方程

把（3–41）式、（3–44）式代入（3–36）式，可以得到价格指数方程：

$$G_s = \left[\sum_{r=1}^{R} \frac{\rho^{\sigma-1}H\lambda_r}{f}(T_{rs})^{1-\sigma} \right]^{1/(1-\sigma)}, s = 1,\cdots,R \tag{3–47}$$

4. 名义支出方程

假定消费者的名义支出等于其名义工资收入，即收入全部用于消费，没有储蓄和资本积累。r 区域研发人员的名义收入为 $H\lambda_r w_r$，普通劳动力的名义收入为 $L\xi$，则 r 区域名义支出：

$$\varepsilon_r = H\lambda_r w_r + L\xi \tag{3–48}$$

5. 实际工资方程

用 ω_r 表示 r 区域研发人员的实际工资，实际工资等于名义工资除以生活费用指数 G_r^{μ} 得到：

$$\omega_r = w_r G_r^{-\mu} \tag{3–49}$$

（三）均衡模型

创新活动在空间分布的瞬时均衡将由（3–46）式、（3–47）式、（3–48）式和（3–49）式所构成的方程组来决定。为便于分析，我们通过一个两区域的简单情况分析模型的解。此时 $\xi = 1/2$，$\lambda_1 = \lambda$，$\lambda_2 = 1-\lambda$，$T_{rs} = T$（$r \neq s$），$T_{rs} = 1$（$r = s$）。则两区域的均衡模型由以下 8 个方程构成的方程组形成。

$$\varepsilon_1 = H\lambda w_1 + \frac{L}{2} \tag{3–50}$$

$$\varepsilon_2 = H(1-\lambda)w_2 + \frac{L}{2} \tag{3–51}$$

$$G_1^{1-\sigma} = \frac{\rho^{\sigma-1}H}{f}[\lambda + (1-\lambda)T^{1-\sigma}] \tag{3–52}$$

$$G_2^{1-\sigma} = \frac{\rho^{\sigma-1}H}{f}[\lambda T^{1-\sigma} + (1-\lambda)] \tag{3–53}$$

$$w_1 = \frac{\mu\rho^{\sigma}}{f(\sigma-1)}(\varepsilon_1 G_1^{1-\sigma} + \varepsilon_2 T^{1-\sigma}G_2^{1-\sigma}) \tag{3–54}$$

$$w_2 = \frac{\mu\rho^{\sigma}}{f(\sigma-1)}(\varepsilon_1 T^{1-\sigma}G_1^{1-\sigma} + \varepsilon_2 G_2^{1-\sigma}) \tag{3–55}$$

$$\omega_1 = w_1 G_1^{-\mu} \tag{3-56}$$

$$\omega_2 = w_2 G_2^{-\mu} \tag{3-57}$$

上述方程组，是个指数方程组，看起来比较复杂，求出其确定解是困难的。但可以设定一些条件，给某些参数一定的值，从而简化分析。基本思路是如何回答由（3-17）式所表达出的思想，即研发人员的集聚会提高创新速度，但研发人员在空间的集聚是否能够发生？能够发生的条件是什么？集聚不能够发生（均衡分布）的条件又是什么？对称均衡和不对称均衡分布的稳定条件是什么？我们简单地假定研发人员的流动与否的唯一激励因素是其实际工资的变动。先假定研发人员的分布处于某一个均衡状态，这时研发人员如果从一个区域流动到另一个区域能带来实际工资的增加，则研发人员流出实际工资低的区域，目前的均衡是不稳定的；如果从一个区域流动到另一个区域带来实际工资的减少，研发人员则不流动，目前的均衡是稳定均衡。即对于：

$$\Delta\omega = \omega_2 - \omega_1 \tag{3-58}$$

如果 $\Delta\omega \leq 0$，则目前的均衡是稳定的；如果 $\Delta\omega \geq 0$，则目前的均衡是不稳定的。

上述方法是被称为"特别动态方法"（Ad Hoc Dynamic）的一种动态演化分析方法。这里的"动态演化"分析并不是一个建立在基于厂商和家庭理性预期的跨时决策模型，因为经济活动在空间的集聚和扩散随时间流逝具有循环累积、不断自我强化的特征，并且常常存在多重均衡，最优化的跨时决策模型将会使本已十分复杂的分析更为复杂。所以在空间经济模型的分析中常用这种方法来解释静态模型。这种方法首先将静态模型写下来，然后把动态方法运用到模型中。它与"演化博弈论"（Evolutionary Game Theory）中的"复制动态"（Replicate Dynamics）极为相似，是一种简单的动态演化分析方法，也有人①称之为"马歇尔动态"，实际是比较不同的瞬时均衡状态，属于比较静态分析。

1. 创新活动集聚分布的条件

首先利用"特别动态方法"来分析创新集聚状态得以维持的条件。

假设开始时创新活动都集聚到一个区域，比如区域1，考察这种分布是否稳定，即如果有个别研发人员从区域1准备流动到区域2，那么

---

① Davis, D. , 2002, Book Review, *Journal of International Economics* (57)：247 –251.

他们比留在区域 1 的研发人员是否能得到更高的实际工资呢？如果能得到，那么集聚状态是不可维持的，如果不能得到，那么集聚状态就是稳定的。

$$\Delta\omega = \omega_2 - \omega_1 = \omega_1\left(\frac{\omega_2}{\omega_1} - 1\right) \tag{3-59}$$

（3-58）式可以化为：

很容易看出，当 $\omega_2/\omega_1 \gtreqless 1$ 时，对应有 $\Delta\omega \gtreqless 0$。

下面我们来研究 ω_2/ω_1。

将（3-50）式至（3-53）式代入（3-54）式和（3-55）式中，整理可得：

$$w_1 = \frac{\mu\rho}{H(\sigma-1)}\left\{\frac{H\lambda w_1 + L/2}{[\lambda + (1-\lambda)T^{1-\sigma}]} + \frac{T^{1-\sigma}[H(1-\lambda)w_2 + L/2]}{[\lambda T^{1-\sigma} + (1-\lambda)]}\right\} \tag{3-60}$$

$$w_2 = \frac{\mu\rho}{H(\sigma-1)}\left\{\frac{H\lambda w_1 + L/2T^{1-\sigma}}{[\lambda + (1-\lambda)T^{1-\sigma}]} + \frac{[H(1-\lambda)w_2 + L/2]}{[\lambda T^{1-\sigma} + (1-\lambda)]}\right\} \tag{3-61}$$

将 $\lambda = 1$ 代入上述方程，得到：

$$w_1 = \frac{\mu\rho L}{H(\sigma-1-\mu\rho)} \tag{3-62}$$

$$w_2 = \frac{\mu\rho T^{1-\sigma}}{\sigma-1}w_1 + \frac{\mu\rho L}{2H(\sigma-1)}(T^{1-\sigma} + T^{\sigma-1}) \tag{3-63}$$

将 $\lambda = 1$ 代入（3-52）式、（3-53）式，可以得到：

$$G_1^{1-\sigma} = \frac{\rho^{\sigma-1}H}{f}, \quad G_2^{1-\sigma} = \frac{\rho^{\sigma-1}}{f}HT^{1-\sigma}，进而得到：$$

$$\frac{G_2}{G_1} = T \tag{3-64}$$

将（3-62）式、（3-63）式和（3-64）式代入（3-57）式和（3-58）式，我们可以得到下面的（3-65）式：

$$\frac{\omega_2}{\omega_1} = \frac{w_2 G_2^{-\mu}}{w_1 G_1^{-\mu}} = \frac{w_2}{w_1}\times\left(\frac{G_2}{G_1}\right)^{-\mu} = \frac{\mu\rho}{\sigma-1}T^{1-\sigma-\mu} + \frac{\sigma-1-\mu\rho}{2(\sigma-1)}T^{1-\sigma-\mu} + \frac{\sigma-1-\mu\rho}{2(\sigma-1)}$$

$$T^{\sigma-1-\mu} \tag{3-65}$$

下面进行分析：

如果区域间创新产品的流通成本为零，也就是 $T = 1$，那么有 $\omega_2 = \omega_1$，即研发人员在两个区域的实际工资相同。但实际上流通成本不可能为零。当流通成本从零起稍有增加，即 $T>1$ 时，等式右边第一项和第二项随着 T 的增加不断减少（因为 $\sigma>1$，$\mu\geq0$）；第三项要分两种情况，当 $\mu>\sigma-1$ 时，第三项也是随着 T 的增加而不断减少的，等式右边随着 T 的增加一直小于1（见图3-2）。即在满足 $\mu>\sigma-1$ 的条件下，有：

$$\frac{\omega_2}{\omega_1}<1,\ \Delta\omega<0$$

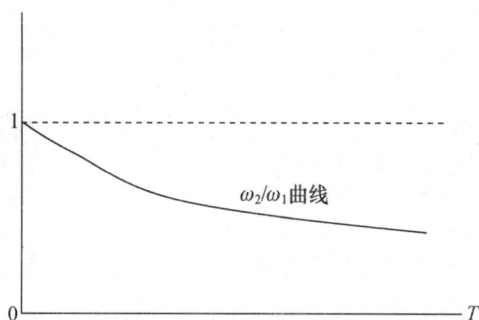

图3-2　黑洞条件下的 ω_2/ω_1 随 T 变动的趋势图

即此种情况下，集聚力量足够强大，就像"黑洞"一样，把所有创新活动都吸引到一个中心，一切对集聚均衡状态的偏离和扰动都会被立刻吸引回去，集聚均衡状态是稳定的。为什么会有这么强大的集聚力量呢？μ 表示创新产品在消费中所占的比重，σ 表示创新产品之间的替代弹性。σ 越小，说明消费者对创新产品之间的多样化消费越强烈；产品差别越大，则消费者效用水平越高，对流通成本的高低越不敏感。

当 $\mu<\sigma-1$ 时（即类似所谓"非黑洞条件 $\mu<\rho$"），第三项的值随着 T 的增加而增加，当 T 趋近无穷大时，第三项趋于无穷大，集聚均衡不再稳定。

在满足"非黑洞条件"情况下，ω_2/ω_1 的值随 T 的增加起初是减少的，即小于1；在达到一个低点后会随着 T 的继续增加而增加，在某一个 T 值时回升到 $\omega_2/\omega_1=1$；随着 T 继续增大，ω_2/ω_1 的值远大于1，集聚均衡被打破（见图3-3）。

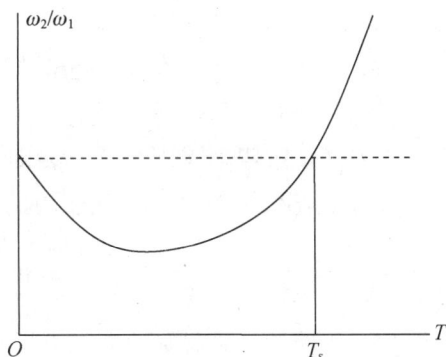

图3-3　非黑洞条件下 ω_2/ω_1 随 T 变动的趋势（在不对称均衡被打破的情况下）

为了证明在非黑洞条件下，即第三项随着 T 的增加而增加情况下，ω_2/ω_1 的值在较小的 T 值区间仍小于1，也就是集聚仍是稳定的。我们将 ω_2/ω_1 对 T 求导，并对 $T=1$ 处的导数进行估值，分析其变化趋势。通过求导计算（见附录2），我们有：

$$\frac{d(\omega_2/\omega_1)}{dT} = -\mu(\rho+1) < 0 \qquad (3-66)$$

因此，即使在非黑洞条件下，在较低的流通成本情况下，集聚也会稳定地发生。

当流通成本进一步增加到 Ts 时，值增加到1，T 值继续增加，ω_2/ω_1 将大于1，集聚将被打破，因此 Ts 被称为集聚的支撑点。流通费用小于该值，集聚都是稳定的；流通费用大于该值，创新活动将分散存在。支撑点的值受 μ 和 σ 的影响，μ 越大，即创新产品在支出中的比重越大，创新产品在人们生活中的重要性越大，所能允许的 Ts 越大；σ 越小，产品的差异性越大，创新产品带给人们的效用越大，所能接受的 Ts 也就越大。Ts 的值由下式的解决定：

$$\frac{\mu\rho}{\sigma-1}T^{1-\sigma-\mu} + \frac{\sigma-1-\mu\rho}{2(\sigma-1)}T^{1-\sigma-\mu} + \frac{\sigma-1-\mu\rho}{2(\sigma-1)}T^{\sigma-1-\mu} = 1 \qquad (3-67)$$

将 $\rho = \dfrac{\sigma-1}{\sigma}$ 代入，上式最终可以简化为：

$$(\sigma+\mu)T^{1-\sigma-\mu} + (\sigma-\mu)T^{\sigma-1-\mu} = 2\sigma \qquad (3-68)$$

很难写出上式的解析解，但可以借助计算机，当给予一定的 σ 和 μ 后可以求出 T 的值。

简要总结上述结论如下：

当存在 $\mu \geq \sigma - 1$ 时，对于任何大于零的 T 值，即只要有流通成本，集聚均衡始终都是稳定的。

如果存在 $\mu \leq \sigma - 1$，即满足非黑洞条件情况下，则只有在流通成本小于支撑点 Ts 时，集聚均衡才是稳定的；大于该值后创新活动将分散分布。Ts 的值由式决定。

2. 创新活动对称分布的条件

从图 3-3 中观察到，在满足非黑洞条件下，当流通成本较高时创新活动将呈对称分布。如果假定现在已处于对称分布，我们来分析当流通成本降低到什么程度时，对称分布均衡将被打破。

为此，需求求解由（3-60）式和（3-61）式构成的方程组。该方程组看似简单，但手工求解十分困难，我们借助计算机求解（见附录3）。得到的解为：

$$\frac{w_2}{w_1} = \frac{2T^{1-\sigma}(\sigma-1)(1-\lambda) + [(\sigma-1+\mu\rho)\phi^2\lambda + (\sigma-1-\mu\rho)\lambda]}{2T^{1-\sigma}(\sigma-1)\lambda + [(\sigma-1+\mu\rho)\phi^2 + (\sigma-1-\mu\rho)(1-\lambda)]}$$

$$(3-69)$$

由（3-56）式、（3-57）式和（3-69）式可以得到：

$$\frac{w_2}{w_1} = \frac{w_1 G_1^{-\mu}}{w_2 G_2^{-\mu}} = \left[\frac{(1-\lambda) + T^{1-\sigma}\lambda}{\lambda + T^{1-\sigma}(1-\lambda)}\right]^{\frac{\mu}{\sigma-1}} \times$$

$$\frac{2T^{1-\sigma}(\sigma-1)(1-\lambda) + [(\sigma-\mu\rho-1) + T^{2(1-\sigma)}(\sigma+\mu\rho-1)]\lambda}{2T^{1-\sigma}(\sigma-1)\lambda + [(\sigma-\mu\rho-1) + T^{2(1-\sigma)}(\sigma+\mu\rho-1)](1-\lambda)} \quad (3-70)$$

将 $\lambda = 1/2$ 代入上式，可得到：$\omega_2/\omega_1 = 1$，即对称分布对任何 T 值都是一个均衡，但是否都是一个稳定均衡呢？到要考察稍微偏离对称分布时的稳定性，为此，求 ω_2/ω_1 对 λ 的导数。令 $\phi = T^{1-\sigma}$，并将 $\lambda = 1/2$ 代入，可以得到（具体求解过程见附录4）：

$$\left.\frac{d(\omega_2/\omega_1)}{d\lambda}\right|_{\lambda=\frac{1}{2}}$$

$$= \frac{4(\phi-1)[(\sigma-1+\mu)(\sigma+\mu\rho-1)\phi - (\sigma-1-\mu)(\sigma-\mu\rho-1)]}{(\sigma-1)[2\phi(\sigma-1) + (\sigma-\mu\rho-1) + \phi^2(\sigma+\mu\rho-1)]} \quad (3-71)$$

令上式等于零，我们得到两个 ϕ 值：

$$\phi_1 = 1$$

$$\phi_2 = \frac{(\sigma-1-\mu)(\sigma-\mu\rho-1)}{(\sigma-1+\mu)(\sigma+\mu\rho-1)}$$

将 $\rho = \dfrac{\sigma - 1}{\sigma}$ 代入上式消去 ρ 后，有：

$$\phi_2 = \frac{(\sigma - 1 - \mu)(\sigma - \mu)}{(\sigma - 1 + \mu)(\sigma + \mu)}$$

当 $\mu > \sigma - 1$ 时 $\phi_2 < 0$，使得 $\dfrac{d\ (\omega_2/\omega_1)}{d\lambda}\bigg|_{\lambda = \frac{1}{2}} > 0$，从而 $\omega_2/\omega_1 > 1$，$\Delta\omega > 0$，对称均衡对一切 T 值都不是稳定的，创新活动最终都将积聚在一起，这就是前面所说的黑洞条件。

当非黑洞条件得到满足时，即当存在 $\mu < \sigma - 1$ 时，将存在一个正值 ϕ_2，且 $0 < \phi_2 < 1$。

令 $\dfrac{d(\omega_2/\omega_1)}{d\lambda}\bigg|_{\lambda = \frac{1}{2}} = \Phi(\phi)$，求 Φ 对 ϕ 的导数（求导过程见附录5），并在 $\phi = 1(T = 1)$ 和 $\phi = 0(T \to \infty)$ 处观察 Φ 的变化趋势。

当 $\phi = 1(T = 1)$ 时，有 $\dfrac{d\Phi}{d\phi} > 0$，即 $\omega_2/\omega_1 > 1$，对称均衡在 ϕ 接近 $1(T$ 很小)时是不稳定的；

当 $\phi = 0(T \to \infty)$ 时，有 $\dfrac{d\Phi}{d\phi} < 0$，即 $\omega_2/\omega_1 < 1$，对称均衡在 ϕ 很小(T 很大)时是稳定的。

ϕ_2 是对称均衡由稳定向不稳定变化的转折点，任何小于 ϕ_2 的 ϕ 值都是稳定的，而大于 ϕ_2 的 ϕ 都是不稳定的（见图 3 - 4 和图 3 - 5）。由 ϕ_2 确定的 T 值为创新活动由对称分布均衡向集聚分布均衡的突变点 T_B，它的值由下式决定：

$$T_B = \left[\frac{(\sigma - 1 + \mu)(\sigma + \mu)}{(\sigma - 1 - \mu)(\sigma - \mu)}\right]^{\frac{1}{\sigma - 1}} \tag{3 -72}$$

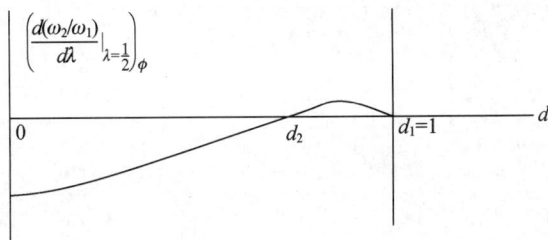

图 3 - 4　Φ 随 ϕ 的变化趋势

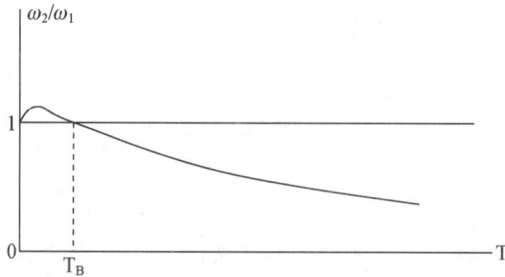

图 3-5　ω_2/ω_1 随 T 的变化趋势（在对称分布均衡被打破情况下）

简要概括上述结论如下：

当流通成本小于 T_B 时，对称均衡是不稳定的；

当流通成本大于 T_B 时，对称均衡是稳定的；

T_B 的值由（3-72）式决定，它也依赖 σ 和 μ，随 μ 的增大而增大，随 σ 的增大而变小。

3. 模型的数值模拟

利用计算机，可以对（3-68）式和（3-71）式进行数值模拟。赋予 σ 和 μ 一系列数值，并注意满足 $\sigma-1>\mu$，可以得到一系列使集聚得以维持和对称被打破的流通成本的临界值（见表 3-1）。从表 3-1 中我们可以看出，随着 μ 增加，两个临界值都增大，即创新产品在人们消费中所占的比重越大，集聚均衡所要求的流通成本的范围就越大。而随着 σ 的增大，两个临界值都变小，即创新产品之间替代弹性越大，集聚均衡越难以发生，必须在很低的流通成本下才可以。在相同的参数下，T_S 大于 T_B。

表 3-1　　　　　　　　　　　　不同 σ 和 μ 下的临界 T 值

σ	$\mu = 0.2$		$\mu = 0.3$		$\mu = 0.4$		$\mu = 0.5$		$\mu = 0.6$		$\mu = 0.7$	
	T_B	T_S	T_B	T_S	T_B	T_S	T_B	T_S	T_B	T_S	T_B	T_S
2	1.833	1.857	2.513	2.633	3.5	3.954	5	6.596	7.429	13.451	11.769	42.206
3	1.182	1.183	1.286	1.29	1.401	1.412	1.528	1.552	1.669	1.718	1.828	1.918
4	1.081	1.0813	1.124	1.125	1.169	1.171	1.216	1.221	1.266	1.274	1.318	1.331
5	1.046	1.0464	1.07	1.0702	1.094	1.095	1.12	1.1208	1.146	1.148	1.172	1.176
6	1.029	1.03	1.045	1.0452	1.0605	1.0608	1.076	1.0768	1.092	1.093	1.109	1.1101

根据表 3 - 1 中的信息和以上的分析，我们可以把创新活动在空间上是集聚还是分散的全景描绘在一个图上（见图 3 - 6）。粗线表示稳定均衡，细线表示不稳定均衡。对于对称均衡而言，临界点发生在 T_B 处，对于集聚均衡而言，临界点发生在 T_S 处。在重合部分，即 T_B 到 T_S 之间，对称均衡和集聚均衡都是稳定的。究竟出现哪一种均衡，将由历史因素或偶然因素决定。

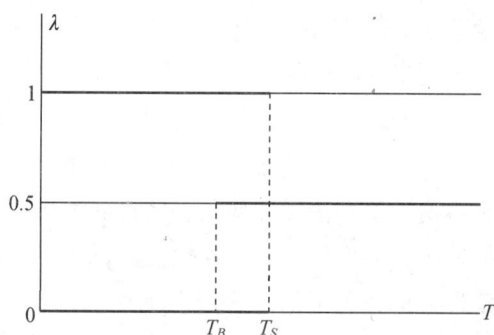

图 3 - 6   创新活动集聚与分散的 T 值范围和临界点

（四）对模型结果的分析

创新活动在空间的分布是集聚均衡状态还是分散均衡状态，从市场机制角度上说，取决于经济行为人对利益追求所导致的集聚力和分散力的力量对比。当集聚力大于分散力时，创新活动趋向集聚状态；反之则趋向分散状态。那么，这种集聚力和分散力究竟来自何处？

对一般经济活动而言，集聚力和分散力要从企业内部和企业外部两个方面来寻找。企业内部经济和企业外部经济带来集聚力，企业内部不经济和企业外部不经济带来分散力。企业内部经济的因素包括内部规模经济、企业内部部门和岗位分工形成的专业化技能的提高等，企业外部经济因素包括外部规模经济，也就是外部性或溢出效应。它包括技术外部性和市场外部性，技术外部性是指企业间不是通过价格机制，不是通过市场而发生的相互依赖性，它主要包括两类：企业间的知识溢出和社会分工所导致的专业化效率的提高。市场外部性是指企业间通过市场价格的变动所产生的相互依赖性，即一个企业的经济活动不仅影响自己的盈利状况，还通过市场上的价格相对变动影响到其他企业的盈利情况。

　　传统经济地理学在研究集聚现象时强调自然禀赋作用，空间经济学在研究集聚机理时则探寻内生因素的作用，采用主流经济学的概念和方法，从消费者效用、企业利润最大化行为、空间成本、要素的流动、人力资本的形成等新经济地理因素来分析集聚的维持。在对集聚究竟产生于何地的探究中，空间经济学强调历史的偶然因素在起作用，政策对企业选址的影响，开放政策、保护主义政策的不同后果等。

　　集聚能促进增长，正如能量集中才能发挥作用一样。关键是集聚的区域要尽可能多地涵盖绝大部分人，比如一个城市，它要让尽可能多的人生活在集聚区，以便得到集聚的好处，要尽量减少或克服引起分散力的那些因素，使内部不经济和外部不经济在很大范围内才出现，也就是周边所有人都被容纳在一个集中区域时，造成经济的那些力量之和仍大于造成不经济的那些力量之和。这就要求诸如：使货物运输成本尽可能地小，使人们出行的成本尽可能地小，使人们之间沟通交流的成本尽可能地小。区域均衡发展是一个规范性目标，这里的"区域"有不同层次，即范围的大小。小的区域可以做到差不多是新古典意义上的均质空间性质的均衡发展，区域越大，不均衡性越大。

　　马歇尔所提出的内部经济主要就是指由企业内部专业化分工和操作、要素之间的生产组合所导致的内部规模经济带来的递增收益，但在一定技术水平下，内部经济是有限的，它有一个极大值。马歇尔的外部经济就是正外部性，是由企业之外的其他所有因素（社会分工、市场扩大、公共知识的积累和扩散）带给企业的利益，外部规模经济是指外部经济活动增加会给企业带来递增的收益。外部经济可以带来企业技术水平的提高，内部经济虽也可以因内部分工和岗位专业化带来操作水平的提高，但一般是工艺的改进，质量的提高，是量变；而外部经济一般带来新技术和新产品，是质变。内部规模经济是静态的，外部规模经济是动态的。

　　外部经济（正外部性）是吸引人们相互靠近的一种力量，是向心力；外部不经济（负外部性）是刺激人们离开的一种力量，是排斥力。外部性的强度与经济主体之间的空间距离呈反向关系，距离越近，强度越大，距离越远，强度越弱。距离无限远时，既没有负外部性，也没有正外部性。我们可以定义一个"外部性距离"，它不同于纯粹的地理上的空间距离，它是人们发生相互影响的距离，外部性的核心是个人成本和利益与社会成本和利益的不一致，外部性意义上的空间距离可以用空间×时间×金钱来表示，或者用单位时间内移动单位物理空间距离所需花费的金钱数来衡量空间因素。

创新活动是一种经济活动，但又不是一种普通的经济活动。它的活动主体是研发人员，涉及专业化分工，涉及知识的生产和外溢。而一个研发人员必须在一个大市场中才能专门发展其才能，不断得到雇用。就像亚当·斯密在论述分工受市场范围限制时所指出的那样，市场要是过小，那就不能鼓励人们终生专务一业。有些业务只能在大都市里才能不断地得到市场，才能使人们专务一业。因此，可以说分工是第一种集聚力量，大的市场能够加深分工，而分工的不断深化导致创新活动的不断集聚。第二种集聚力量是知识的外溢。知识的外溢受距离限制。虽然随着现代通信技术的发展，"编码知识"（coded knowledge）[①] 的传播对距离的依赖性减少。但创新活动更多的是依赖于面对面的"默示知识"（tacit knowledge）[②]，依赖于人们面对面的交流和思想碰撞，而这将决定集聚在一起将会带来更多的创新灵感。

不论是农产品、普通产品，还是创新产品，要到达消费者手中都是有物流成本的。物流成本过大，将降低集聚区域人们的效用水平，使人们倾向于分散存在，以便靠近产品生产地。即大的运输成本是第一种离心力量。创新活动集聚在某一区域，会随着经济活动密度的增加，区域内的拥挤成本上升，租金、交通时间等会大幅提高，这是第二种离心力量，会带来区域内人们效用水平的下降。第三种离心力量是由于地域文化、传统、政府政策、自然条件所导致的生产要素的不可流动性，使人们不可能集聚在一起，或者是限制了集聚的程度。

本章仅仅讨论了流通成本的高低对创新分布状态的影响。当流通成本较高时，创新活动倾向于分散分布；当流通成本在较低的水平时，创新活动倾向于集聚分布；而当流通成本为零时，创新活动呈对称均衡分布，这正是新古典经济学中假设流通成本为零的结果。究竟流通成本大于多少时，创新活动呈现分散分布？流通成本小于多少时，创新活动呈现集聚分布？本章的简化分析提出了两个临界点，这两个临界点的大小都与 μ 和 σ 相关。μ（消费者在创新产品上的支出比重）越大，两个临界点的值都就

---

①　编码知识是指可以被数字化的知识，可以通过语言、文字、图像、数字等媒介传播的知识，可以通过技术手段远距离和跨时间地传播。

②　默示知识是指只可意会、难以言传的知识，是难以被编码的知识。

越小；σ（创新产品之间的替代弹性）越大，两个临界点的值越小。

空间因素在经济活动中的影响是复杂的，它影响经济活动的渠道是多方面的。本章的讨论是在许多假定下进行的，比如消费者追求效用最大化，并偏爱多样化消费（用 CES 形式效用函数来描述）；生产者追求利润最大化，并在产品种类水平上存在报酬递增特征；普通产品的市场是完全竞争的，普通产品的流通成本为零；消费者的效用水平仅取决于所消费的普通产品和创新产品的数量；没有考虑租金和交通等拥挤成本。因而，本章只是对空间因素如何影响创新活动的一个初步理论思考，进一步研究将结合创新的实践对模型进行检验和修正。

四　本章结论

本章运用新经济地理学方法，提出了创新活动的报酬递增性质和创新活动在空间分布的问题。本章认为，创新活动作为经济活动的重要方式之一，不但在时间上呈现非线性现象，在空间上也往往并不是对称分布，而是呈集聚形态。集聚状态的产生和维持是由某种形式的递增报酬导致的，传统的一般均衡分析框架不能解释递增报酬现象。本章在新经济地理学一般分析框架内，从静态角度建立了一个描述创新空间分布机制的初步模型，并在此基础上简要探讨了创新活动在空间上的分布状态及其稳定性。本章的结论是，创新活动的集聚可以提高创新生产力。当区域间的要素和产品流通成本较低时，创新活动会趋向集聚状态。

本章对创新、空间分布、报酬递增三者间关系的研究是初步的，是通过假定存在一个垄断竞争的创新部门由于报酬递增的内在性而产生集聚的，而集聚则促进了创新产出的加速。以后的研究主要从四个方面进行：

第一，创新产出空间分布影响因素分析。本章只是分析了创新产出在空间分布的集聚与分散的可能性，以及集聚的存在性。但为什么某一地区出现创新集聚，而其他地区却没有？不同地区的集聚程度为什么不同？本章并没有涉及。

第二，本章只是静态地研究了创新活动在空间的分布形态，对于某一地区创新活动随着时间的展开而演变的机理，以及地区之间创新活动的扩散和相互影响没有涉及。因此，创新活动在空间上的动态性演变也是一个值得探讨的问题。

第三，实证方面的研究。

第四，创新集聚与经济增长的关系研究。本章初步提出，创新活动会在一定的条件下出现集聚，集聚会促进创新活动。而根据内生增长理论，创新会带来经济增长。但创新在空间上的集聚究竟是如何促进经济增长的，这仍需要在理论上有一个模型解释，并在经验上给予验证。

第四章　经济活动的空间效应及其计量

一　空间效应的来源

在利用截面数据研究类似于影响经济增长或波动的诸因素以及影响创新能力诸因素等问题时，研究者发现许多观测值的截面数据之间是相互影响的，数据间并不是相互独立的。随着按地区进行统计的数据库的不断完善以及地理信息系统和计算手段的发展，人们对空间因素在各种活动中所发挥的作用越来越重视。一般认为，空间因素对依存于空间的事物主要产生两方面效应（Luc Anselin，1988）：一是空间依赖性（spatial dependence）；二是空间异质性（spatial heterogeneity）。

空间依赖性就是指空间单元之间的非独立性，空间单元之间会相互作用、相互影响和相互关联。这种作用反映了现实中的"近朱者赤，近墨者黑"的现象。在经济活动中，比如存在劳动力、资本、商品在不同区域间的流动，存在技术、知识、创新在不同区域空间上的扩散和溢出，这些都是真实存在着的借助于空间而发生的相互影响。这些影响会反映在我们所得到的经济数据上，这些数据会产生空间自相关性。

空间异质性被认为是空间结构的非均质性，各空间区域有其独特的文化、历史和自然条件。各地区经济水平不同，有经济发达地区，有经济落后地区。即各空间区域各有其区别于其他区域的特色。这会给我们带来所观测到的经济数据的非平稳性。

空间依赖性和空间异质性常常同时存在。当我们考察各区域某个经济变量的观测值时，这些观测值不再是相互独立的，而是相互影响的。传统的统计分析和计量经济学模型是建立在区域观测值相互独立的基础上，当考虑到空间因素的影响后，它们便可能出现系统性偏差。

经济活动是依存于一定的空间区域进行的，空间依赖性和空间异质性对经济活动产生了实质性的空间效应。但由于缺乏合适的理论分析框架和相应的实证研究工具，长期以来，主流经济理论分析和计量实证研究中空间效应的问题被忽视了。现在，这种状况已经大为改变。在理论研究方面，新经济地理学或称空间经济学（Masahisa Fujita et al.，1999）已于20世纪末期在克鲁格曼等人的努力下，把空间因素成功纳入主流经济学的分析框架中。在实证研究方面，传统计量经济学也长期忽视空间效应的作用，把空间效应带来的影响仅仅作为模型误差项中的"噪声"来处理。但伴随着主流社会科学研究中"空间思维"的兴起，空间效应问题得到了越来越多的关注。随着空间统计分析和空间计量经济学的快速发展，在许多主流经济研究领域的实证分析中越来越多地考虑到了空间效应的影响。空间效应的测度问题已成为实证研究中的一个新方向。

二 空间数据相关性的衡量

空间之间的相互影响体现在观测数据上，首先要考虑这些观测数据之间有没有相关性。学者们比较早地就注意到了这种与空间地理位置相关的数据间具有一定的空间依赖、空间关联和空间自相关的统计关系，遂逐步发展出较为完善的一套空间数据统计分析方法。这方面最早的研究始自1854年，一个名叫约翰·斯诺（John Snow，1855）的学者展开了对伦敦黑死病传播机制的研究。当时主流的观点认为是糟糕的空气传播了这种疾病。但约翰·斯诺通过对伦敦自来水供应的详细调查和对病例的地理分布状况的分析，得出了病菌是通过自来水管道传染的正确结论。约翰·斯诺当时就使用了基于地图的空间统计方法。其后由澳大利亚统计学家帕特·昂软在研究连续随机现象时（P. A. P. Moran，1950）提出了一个重要的测量空间自相关指数——昂软指数（Moran's I）。

$$I = \frac{n}{\sum_{i=1}^{n}(x_i - \overline{x})^2} \cdot \frac{\sum_{i=1}^{n}\sum_{j=1}^{n}w_{ij}(x_i - \overline{x})(x_j - \overline{x})}{\sum_{i=1}^{n}\sum_{j=1}^{n}w_{ij}}$$

其中，n 为区域总数目，x_i、x_j 为某属性特征（如 GDP、FDI 等）

在区域 i 和 j 上的观测值，w_{ij} 为行标准化的空间权重矩阵，用来表达 n 个区域的空间邻近关系。$\bar{x}$ 是所有区域观测值的平均值。

$$\bar{x} = \frac{1}{n} \sum_{n=1}^{n} x^i$$

以昂软指数为代表的空间数据统计分析是一种探索性的空间数据分析（exploratory analysis of spatial data）。它没有提出先验的理论假设，而是集中于对样本数据性质的研究（C. P. A. Bartels and R. H. Ketellapper, 1979）。它试图通过对数据进行全面深入的分析来了解数据在空间分布、空间结构以及空间相互影响方面的特征。

探索性空间数据分析一般有两种方法：一种是基于电脑技术的可视化的直接图示，主要了解空间数据的一般分布规律。另一种方法是将自相关指数计算（比如 Moran's I）与可视化地图相结合，揭示总体自相关模式。

昂软指数 I 的取值范围在 [−1, 1] 之间。值大于 0 表示正相关，区域间存在着集聚现象（高观测值集聚在一起，或低观测值集聚在一起）。值趋近于 1，则表示区域间的性质越相似，关系越密切，集聚越强烈。值小于 0 表示负相关，区域间呈分散现象。值趋近于 −1 表示区域间差异越大，分布越不集中，值等于 −1 表示完全分散分布，就像棋盘上的黑白方块一样均匀分布。值等于 0，表示区域间不相关，是随机关系。

还可以将昂软指数转化成标准化的统计量 Z 来检验区域间是否存在空间自相关关系。

$$Z = \frac{I - E(I)}{\sigma(I)}$$

$E(I)$ 为昂软指数零假设（空间不相关假设）下的理论期望值，$E(I) = -1/(n-1)$。$\sigma(I)$ 是昂软指数的标准差。如果 Z 值在 [−1.96, +1.96] 之间，那么在 0.05 的置信度（阈值 1.96）下，零假设成立，区域间不存在空间自相关。如果 $|Z| > 1.96$，则零假设在 0.05 置信度下不成立，区域间存在显著的正或负相关。$Z > 1.96$ 时为正的空间自相关，高观测值区域与高观测值区域（或低观测值区域与低观测值区域）在空间趋于集聚。当 $Z < -1.96$ 时，存在负的空间自相关，高观测值区域与低观测值区域趋于交叉分布和相互邻接。

上述昂软指数测量的是全局（globe）空间自相关性存在与否，是某个属性特征值在所有区域间的空间关联关系，是一种总体指标，反映的是某个属性特征在所有区域的平均集聚程度。它不能反映出集聚模式是高观测值区域集聚还是低观测值区域集聚，也不能反映出分散模式是高观测值区域包围低观测值区域，还是低观测值区域包围高观测值区域。当要想反映这种局部区域间的具体相关关系时，要使用局部空间自相关分析。局部空间自相关分析常用昂软散点图（Moran's scatter plot）和空间联系局部指标（LISA）。

昂软散点图是将观测值向量 X（由所有区域观测值减去平均值后的数据 $x_i - \bar{x}$ 组成）与空间滞后因子 WX 组成数据对，描绘在二维坐标上，形成一个可视化图像。其中，横轴对应观测值，纵轴对应空间滞后因子 WX 的所有取值。

昂软散点图有 4 个象限，分别对应于区域单元与邻近单元之间的 4 种类型的局部空间相关关系：第 1 象限代表了高观测值的区域单元被同是高观测值的区域所邻近的空间关联关系（以 HH 表示）；第 2 象限代表了低观测值的区域被高观测值的区域所邻近的空间关联关系（以 LH 表示）；第 3 象限代表了低观测值区域被同是低观测值的区域所邻近（用 LL 表示）；第 4 象限代表高观测值区域被低观测值区域所邻近的空间关系（用 HL 表示）。

昂软散点图能够进一步具体区分某一区域及其邻近区域之间属于高值和高值、低值和低值、高值和低值，还是低值和高值的哪一种空间关系。但是，昂软散点图不能告诉我们空间集聚的统计显著性。这可以由卢克·安塞林在 1995 年提出的空间联系的局域指标（Local Indicators of Spatial Association，LISA）来检验这个显著性（L. Anselin，1995）。LISA 指标通常用局域昂软指数来代表。局域昂软指数被定义为：

$$I_i = \frac{n(x_i - \bar{x}) \sum\limits_{j=1}^{n} w_{ij}(x_j - \bar{x})}{\sum\limits_{i=1}^{n} (x_i - \bar{x})^2}$$

也可以把 I_i 转化成标准化统计量 Z 值来进行检验，当通过检验达到显著性水平时，若有显著的正的空间自相关，说明某区域与跟它观测的属性特征值相似的区域邻近，形成空间集聚。当属性值都较高时，用 HH 表示；当属性值都较低时，用 LL 表示；如果区域本身属性值较高，而其周围属性值较低，则用 HL 表示，反之用 LH 表示。

三 空间权重矩阵的设计和选择

在考虑空间效应影响时，一个重要的问题是如何在研究中体现它，用什么变量来描述它。常用的做法是通过加入空间权重矩阵来体现空间效应。通常定义一个 $n \times n$ 的矩阵 W 来表达 n 个区域之间的空间邻近关系。

$$W = \begin{bmatrix} w_{11} & \cdots & w_{1n} \\ \vdots & \vdots & \vdots \\ w_{n1} & \cdots & w_{nn} \end{bmatrix}$$

矩阵 W 中，w_{ij} 表示区域 i 和区域 j 之间的"邻近"关系。这种"邻近"关系是用什么变量和标准来给 w_{ij} 赋值呢？一般坚持的原则是"万事万物都是相关的，但离得近的事物之间总比离得远的事物之间相关性要高"（W. R. Tobler，1970）。因此，w_{ij} 值是基于距离来取值，最常用的是基于实际的空间物理距离（欧几里得几何距离或弧度距离）来取值。

第一种也是最简单的基于空间距离的方法是按邻接与否来判断，即当 i 区域和 j 区域连接时，$w_{ij} = 1$；当 i 区域和 j 区域不相连接时，$w_{ij} = 0$。根据邻接的程度，实践中又进一步划分为 QUEEN 邻接和 ROOK 邻接。这是借用了国际象棋中的皇后（QUEEN）和车（ROOK）的走法规则。QUEEN 既可直着走；也可斜着走，而 ROOK 只能直着走。所以 QUEEN 邻接既包括有共同边界的邻接，也包括有共同顶点的邻接；而 ROOK 邻接只包括有共同边界的邻接。

第二种基于空间距离的方法是，当 i 区域和 j 区域之间的距离小于或等于某一个数值 d 时，$w_{ij} = 1$；当 i 区域和 j 区域之间的距离大于某一数值 d 时，$w_{ij} = 0$。d 的大小依据研究的需要而确定（当 d 等于 0 时，退化为最简单的邻接标准）。

第三种基于空间距离的方法是根据距离衰减的程度确定 w_{ij}，一般是选择一个随距离增加而单调递减的函数（J. P. Le Sage，2004）。比如距离的倒数 $w_{ij} = 1/(1 + d_{ij})$，或者高斯函数 $w_{ij} = e^{-bd_{ij}}$。其中，b 是衰减系数，b 越大衰减越快；d_{ij} 是区域 i 和 j 之间的距离。

四　空间效应计量模型

前述以昂软指数为代表的探索性空间数据分析是基于数据本身的研究方法（data - driven approach），主要是找出同一经济变量不同区域观测值之间的相关关系，也被称为空间统计（spatial statistics）。而在经济问题研究中，我们试图找出不同经济变量之间的因果关系。当这种研究考虑到空间效应时，如何把空间效应的影响纳入理论模型中，如何测度空间效应的大小和方向就成为一个必须解决的重要问题。

（一）空间效应计量模型的发展

从测度空间效应方法发展历史看，大致可以划分为三个时期（L. Anselin，2010）：

第一个时期是准备时期，从 20 世纪 70 年代初至 80 年代末期。安塞林把培林克和克拉森（Jean H. P. Paelinck and Leo H. Klaassen，1979）正式提出空间计量经济学（Spatial Econometrics）这个概念的 1979 年作为空间计量经济学产生的起点。这一时期许多先驱人物对空间数据问题进行了基础性的探索，比如，克里弗和奥德（A. D. Cliff and J. K. Ord，1973，1981）探讨了空间数据的自相关问题，对空间自回归模型的建模及参数估计等问题进行了初步研究。盖惕斯和布茨（Arthur Getis and B. N. Boots，1978）提出了空间过程模型，巴特尔斯和凯特尔泼（C. P. A. Bartels and R. H. Ketellapper，1979）研究了空间数据分析的类型等。这其中安塞林 1988 年的著作《空间计量经济学：方法和模型》（Luc Anselin，1988）在空间计量经济学的发展中起到了重要作用，一般被视为该领域的里程碑式的代表作。这是一本总结性的著作，全面回顾和归纳了该领域的概念和模型，从方法论的角度讨论了如何检验和估计回归模型中的空间效应。

第二个时期是起飞时期，大约发生在 20 世纪 90 年代。这一时期该领域涌入许多新人。除了原先已进入该领域的区域科学家和数量地理学家们继续保持活跃外，又有一批区域科学家们的兴趣转向了空间回归问题，再就是新的一代学生学者也加入其中，最显著的变化是许多美国经济学家的涌入。他们主要来自发展经济学、区域和城市经济学、公共经济学、房地产经济学、劳动经济学等应用领域的学者。更重要的是，几位主流计量经济学家开始在他们的研究中考虑空间问题，包括 J. P. LeSage（1997）、G. A. Akerlof（1997）、J. Pinkse 和 M. E. Slade（1998）。在计量经济学理论研究方面领先的一些机构，如芝加哥大学，已经有专门研究空间计量经济学问题的博士论文（T. G. Conley，1996）。主流的经济学和计量经济学杂志，如《国际经济评论》和《计量经济学杂志》都开始刊登这方面的论文。这一时期另一方面的重要进展是开发了相应的空间计量软件，如 SpaceStat（1992）；Matlab 的工具箱里也有了商业化的软件包（J. P. LeSage，1999b）。一些手册和杂志开辟了专门章节和专刊介绍空间计量经济学。

第三个时期是成熟和稳定时期，大约从 21 世纪初期开始至今。在这一时期，空间计量经济学已经从边缘进入主流经济学，这反映在日益增多的主流学术杂志论文、专刊、手册、软件（ArcView，GeoDa 等）、工作机会以及研究基金上。一个重要的标志是 2006 年国际上成立了一个正式的空间计量经济学协会，从那时起每年都召开了一次国际会议。

（二）空间效应计量模型

在有关空间效应测度的研究中，一般是基于一定的理论假设，在解释变量和被解释变量之间建立一种空间计量模型。因此，也被视为一种解释性空间数据分析（explanatory analysis of spatial data）或模型驱动的研究方法（model – driven approach）。目前，主要用以下几种模型来测度所研究问题中的空间效应大小。

1. 空间滞后模型和空间误差模型

空间滞后模型（Spatial Lag Model，SLM）主要用于观察区域之间是否存在空间溢出扩散现象。这种溢出来自区域之间实际存在的相互影响，比如技术、创新的扩散，各种生产要素在区域间的流动所产生的相互影响。

其做法是在传统线性回归模型中加入空间滞后因变量 WY。它是模型的一个内生变量，反映了空间效应对区域属性特征值的影响。

$$Y = \rho WY + X\beta + \varepsilon$$

其中，Y 是被解释变量，$n \times 1$ 阶矩阵。X 是解释变量，$n \times k$ 阶矩阵。β 是解释变量对被解释变量的影响系数，$k \times 1$ 阶矩阵。ρ 是空间自回归相关系数，W 是 $n \times n$ 阶的空间权重矩阵。ε 是随机误差项。空间滞后模型类似于时间序列自回归模型，因此也被称为空间自回归模型（Spatial Autoregressive Model，SAR）。

空间误差模型（Spatial Error Model，SEM）是考虑相邻空间单元之间存在测量误差，导致这种误差的原因主要是由于在收集数据时可能存在区域范围大小的偏差，以及所研究问题的空间与数据统计空间可能存在不一致性，从而产生空间误差。其模型是：

$$Y = X\beta + \varepsilon$$

$$\varepsilon = \lambda W\varepsilon + \mu$$

其中，Y 是被解释变量，$n \times 1$ 阶矩阵。X 是解释变量，$n \times k$ 阶矩阵。β 是解释变量对被解释变量的影响系数，$k \times 1$ 阶矩阵。λ 是 $n \times 1$ 阶的因变量向量的空间误差系数。W 是 $n \times n$ 阶的空间权重矩阵。ε 是误差项。μ 是符合正态分布的随机误差项。空间自相关在传统计量经济学模型中一般被视为"噪声"，就是用来反映噪音大小的。它测量了相邻区域因变量的误差冲击对本区域观测值的影响程度。在空间误差模型中，空间效应反映在误差项中。空间误差模型类似于时间序列中的序列相关问题，因此也被称为空间自相关模型（Spatial Autocorrelation Model，SAC）。

空间滞后模型和空间误差模型都能反映空间效应对区域活动的影响，那么究竟选择哪个模型来使用更合适呢？卢克·安塞林建议使用拉格朗日乘数（Lagrange Multiplier）检验法来进行判断（Luc Anselin，1988）。如果在空间自相关性检验中，LM – Lag 和 Robust LM – Lag 在统计上显著，则可以选用空间滞后模型；如果 LM – Error 和 Robust LM – Error 在统计上显著，则可以选用空间误差模型；如果两种模型均显著，但稳健 LM – Lag 的 P 值大于稳健 LM – Error 的 P 值，则选用空间滞后模型。

由于在经济问题研究中，空间效应多来自实际的知识、技术和创新的扩散，因此空间滞后模型更适合于解释区域间的溢出现象。

2. 空间面板滞后模型和空间面板误差模型

前面的空间滞后模型和空间误差模型主要是针对横截面数据考察区域间的空间效应的。当考察这种区域间的空间效应在时间上的影响时，我们将得到大量的时间—空间数据即面板数据（Panel Data）。对于处理这类空间面板数据，卢克·安塞林等（L. Anselin et al.，2008）提出的方法是：通过空间权重矩阵定义空间上的邻居，通过时间滞后定义时间上的邻居。

空间面板数据或空间时间综合数据既有空间依赖性和异质性，又有时间上的依赖性和异质性。传统计量经济学中的面板数据模型虽然考虑到了个体效应，但忽略了个体之间的相互影响即空间效应的存在。

可以在传统具有个体效应的混合面板数据模型中加入滞后因变量或空间误差项，形成空间面板模型。

空间面板滞后模型（SPLM）是：

$$Y_{it} = \rho \sum_{j=1}^{n} w_{ij} y_{jt} + X_{it}\beta + \mu_i + \varepsilon_{it}$$

$$i = 1, \cdots, N, t = 1, \cdots, T$$

β 是 $k \times 1$ 阶系数列向量。μ_i 是未观测到的个体效应，它控制了所有不随时间变化的，反映个体（区域）特质的变量。ε_{it} 是均值为零，独立分布的随机误差项。ρ 为自回归系数，w_{ij} 为空间权重矩阵 W 的元素。

加入相邻区域因变量的随机误差冲击对本区域观测值的影响因素后，可以得到空间面板误差模型（SPEM）：

$$Y_{it} = X_{it}\beta + \mu_i + \phi_{it}$$

$$\phi_{it} = \lambda \sum_{j=1}^{n} w_{ij} \phi_{jt} + \varepsilon_{it}$$

空间面板滞后模型和空间面板误差模型的选择也主要是通过利用 LM 和 Robust LM 进行显著性检验。由于是空间面板数据，这里的空间权重矩阵 W 是一个 $(N \times T) \times (N \times T)$ 的分块矩阵。N 是区域单元数，T 是总分期数，矩阵中对角线上的每个子块都是 $N \times N$ 的方阵，非对角线上的子块全部为零。

空间面板数据模型的理论和应用是当前空间计量经济学的前沿。由于空间面板数据模型更为复杂，涉及对时间序列相关、空间单位根、空间协整、动态空间面板、模型估计和检验等理论问题的探索。目前，这些方面都还在发展中，并且也缺乏完整适用的空间面板模型的计量分析软件。

3. 地理加权回归模型

在空间计量方法上与空间滞后模型和空间误差模型形成竞争关系的是地理加权回归模型（Geographical Weighted Regressive，GWR）。地理加权模型用另一种方式关注空间区域之间的相关性和异质性。传统计量经济学模型假设解释变量对被解释变量的影响参数对于所有区域单位都相同，即下述模型中的同一个属性特征变量的 β 值对各个区域都是相同的。

$$y_i = \beta_0 + \sum_{j=1}^{k} \beta_j x_{ij} + \varepsilon_i$$

地理加权回归模型（A. S. Fotheringham et al.，2002）认为，传统计量模型得到的参数是一个反映全局（globe）情况的平均值。它可能掩盖了局部区域（local）的一些独特性质，从而使模型得出的结论出现偏差。GWR 认为，模型的参数可能随区域而不同，是一个变化的参数，受邻近区域的影响。GWR 模型如下：

$$y_i = \beta_0(u_i, v_i) + \sum_{j=1}^{k} \beta_j(u_i, v_i) x_{ij} + \varepsilon_i$$

其中，β_0、β_j 是表征各个局部区域不同的待估参数，(u_i, v_i) 是以直角坐标系表示的区域 i 的坐标位置，也可以用大地坐标（λ_i，ϕ_i）来表示区域 i 的坐标位置。k 是解释变量的个数。待估系数由下式计算：

$$\hat{\beta}(u) = (X^T W(u) X)^{-1} X^T W(u) Y$$

$W(u)$ 是与区域 u 有关的空间权重矩阵，$X^T W(u) X$ 是地理加权的方差—协方差矩阵，Y 是被解释变量值的矩阵。

五　空间计量模型在区域创新增长问题上的应用

空间计量模型起初主要被应用于地质、生态、生物、卫生防疫、城镇规划等领域的调查研究。近十几年来，随着空间经济学理论的发展，空间效应测度方法被逐渐应用到空间经济学理论验证以及各种经济问题的实证研究中。主要包括：需求与失业的空间类型问题、区域创新绩效的影响因素和创新溢出问题、区域经济增长差异的影响因素以及趋同趋异问题、FDI 区域分布问题、城市化问题、房地产价值评估问题、污染传播和控制问题、物流和商业网点布局等问题的研究中。

科斯（A. C. Case，1991）在研究印度尼西亚大米需求市场时，考虑到空间自相关因素，对家庭的区位选择使用了随机效应模型和固定效应模型，讨论了经济过程的空间类型。考理和萄帕（T. G. Conley and G. Topa，2002）在研究芝加哥 1980—1990 年间的失业问题时，考虑到空间效应，研究结果表明，在失业率的分布上有很强的空间依赖性。

安塞林（L. Anselin et al.，1997）利用美国 43 个州和 125 个大都市统计区（MSA）的数据，考虑空间交互作用和空间结构的作用，加入空间滞后变量，探讨了大学研究活动和高技术创新之间的空间溢出程度。结果发现，大学和研究开发实验室之间存在着很强的外部性。王立平（2005）、李志刚等（2006）、吴玉鸣（2006a，2008）、苏方林（2008）等先后用昂软指数、地理加权回归模型、空间滞后模型和空间误差模型分别对中国的大学研究与开发的地理溢出、中国创新产出的空间分布特征、省域研发与创新能力的影响因素、省域间知识溢出等问题进行了研究。结果表明，应用这些考虑到空间效应的模型来分析带有空间因素的问题时比传统的普通最小二乘法模型有更好的拟合度和更高的可靠性，原因在于传统的基于OLS法的线性回归模型假定区域观测值之间是相互独立的，从而导致模型设定有偏差，所得出的结果和推论可靠性低。

区域经济增长影响因素及收敛问题分析方面，拉瑟之（J. P. Le Sage，1999a）加入空间效应因素，用GWR模型分析影响中国省域经济增长率（1978—1997）差异的因素。其结论是初始资本禀赋对解释中国增长最快省份的累积性增长是显著的。这和萨克斯等人对统一问题用传统最小二乘法得到的结论截然相反。Ying（L. G. Ying，2003）、吴玉鸣（2006b）、林光平（2006）等考虑到空间效应，利用空间统计和空间计量经济学模型进行中国省域经济增长趋同研究。结果表明，中国省域经济增长具有明显的空间依赖性，呈现出较强的空间效应，省域间存在较为显著的条件趋同现象，忽视空间效应将造成模型设定的偏差和计量结果的非科学性。

六　空间计量模型存在的问题及可能的发展方向

现有空间效应测度模型存在的主要问题是在空间权重矩阵的选择方面。一是究竟用什么变量体现空间单元之间的依赖性和异质性？二是目前大多数研究中所使用的基于空间物理距离的空间权重矩阵元素取值具有较大的随意性。三是没有考虑N个区域之外的影响。

对于第一个问题，本章认为要依据所研究问题的性质来选择适当的变量。那些较少涉及人类活动的事物之间的空间相互作用的研究，比如地质、生态、生物、卫生防疫、城镇规划等领域的研究选用空间物理距离是适当的，而对于那些主要涉及人类活动的经济、政治、文化等问题的研究时，既可以考虑选用空间物理距离，也可以考虑选用"经济距离"，或者是物理距离和经济距离的一个结合。因为对于这些问题而言，两个地区之间相互影响的程度不但与它们之间的实际空间距离有关，而且还更与它们之间的商品、人员、信息等的交通便利程度和单位交通时间和成本有关。正如我们所常提到的半小时经济圈或一小时经济圈一样，物流或人流时间更能代表区域之间的邻近关系，不同区域之间同样的实际物理距离会因为高铁、动车的出现呈现出不同的"距离"。所以，还可以考虑基于交通时间长短、单位交通成本的大小、贸易流量等来定义"距离"。

对于第二个问题，本章认为，主要发生在有共同边界的区域之间，当选用简单邻接标准时，由于区域之间共同边界有长有短，比如，安徽省与江苏、浙江、江西、湖北、河南、山东六省邻近，但它与山东之间只有很短的一点共同边界，而与江苏和河南的共同边界就较长。如果按照只要邻接就赋值为1的做法，显然比较粗糙。对此，可以将共同边界长度因素考虑进去加以修正。

对于第三个问题，从已有的文献看，目前研究都是局部均衡空间效应研究，只是包括了所针对的N个区域，没有考虑这N个区域之外的区域的影响，即没有考虑到所有空间效应。比如对一个省域内各地区的研究并没有考虑到省外地区对省内地区的影响，对中国省域间溢出问题的研究并没有考虑国外的影响。当然，很难做到一般均衡空间效应研究。采取的办法可以是把研究范围之外的区域作为控制变量处理，借以消除其影响。

从方法论角度看，空间效应测度未来可能的发展方向至少有三个（L. Anselin，2010）：

第一个是如何更好地理解隐藏在空间自相关或空间—时间自相关背后的本质过程并将之纳入模型中，现有模型中并没有反映出那些导致空间相互作用的复杂的过程。

第二个是如何处理由于使用巨量数据所引起的概念性问题。这些巨量数据多来自自动数据记录，标准的"样本—总体范式"或者"空间随机过程范式"都不足以对由巨量数据分析所引起的问题做出有意义的解释。一些传统概念比如"显著性"对巨量数据的分析来说用处不大，因为在这种情况下，任何事情都易于具有"显著性"。

第三个是开发能够处理大量数据的软件技术。未来的研究要求能够处理复杂的空间—时间交互影响的且包含日益增长的巨大数据集合的计算技术，以及发展新的算法规则来充分使用快速进步的信息技术，如分布式计算和云计算等。

从应用角度发展方向看，经济计量的实证研究已从只考虑时间序列的计量走向对空间效应的计量，并逐步走向对时空综合数据的计量。因为，许多经济问题的研究不仅涉及空间截面数据，而且涉及时间序列数据，对时空综合数据的分析会对现实问题更有指导价值。随着国际上众多学者对空间面板模型估计技术的不断完善和我国包含时间序列的区域经济统计数据的不断丰富，以及 GIS 技术在社会科学研究中的普及应用，未来对空间效应测度的考虑将会出现在越来越多的实际问题的研究中。

第五章 中国城市化思想和实践的演变

一 历史进程中的中国城市化

（一）城市化是近现代之现象

城市化浪潮在我国正方兴未艾，按照目前趋势，到 2025 年，将有大约 10 亿中国人居住在城市。[①] 如何把握我国城市化发展方向？如何主动适应和推动城市化？如何避免城市化中的消极一面？如何实现高效城市化？这些问题不但需要我们借鉴发达国家经验，更需要我们借鉴和吸取自身的历史经验。因此，进一步理清我国现代化进程中前人们对城市化问题的思考和实践，揭示这些思想和实践的传承脉络和时代背景，对于理解和做好我国目前和将来的城市化工作，使城市化更好地成为推动我国经济可持续增长的不竭动力，具有较大的理论价值和实际意义。

城市，古已有之，但城市化却是近现代之事。尤其对于中国，城市化更是主要发生在 20 世纪中期之后。世界上最早的城市可以追溯到距今约五千多年之前[②]，但它长期仅是作为人类生活的政治军事中心。随着文明的发展，又出现了许多兼具政治和商贸中心功能的著名城市。如古代西方的雅典城和罗马城，我国秦汉时期的咸阳、长安等。但城市的出现和发展并不意味着产生了现代意义上的"城市化"。在英国工业革命之前，城市并不是人类经济生活的中心，不是生产力的代表。城市的大量出现，城市经济取代乡村经济成为国民经济的中心，是伴随工业革命而发生和发展

---

① 请参见麦肯锡全球研究院研究报告《迎接中国十亿城市大军》，2008 年 3 月。

② 关于城市起源的时间有不同的说法，这里取《全球通史》里的看法，详见［美］斯塔夫里阿诺斯《全球通史》，董书慧等译，北京大学出版社 2005 年版，第 52 页。

的。"城市化"正是表达上述过程和现象的一个特定概念。因此，城市化不等于城市产生和发展的历史，它是与工业革命以来的人类现代化进程相关联的。城市化问题具有较大的包容性，不同学科研究者会从不同角度对城市化进行分析。从人口学角度看，城市化是一个农村人口不断减少，城市人口不断增加的过程。从社会学角度看，城市化是一个从封闭的自然的村落生活方式不断转化为开放的动态的城市生活方式的过程。从经济学角度看，城市化是一个农业从业者不断减少，非农从业者不断增加；农业产值占国民总产值的比重不断下降，非农业产值比重不断提高的过程。

（二）中国城市化思想和实践演化的分期

自中华人民共和国成立以来，伴随我国城市化的进展，人们对于城市化的思想认识也经历着一个变迁。对于前人的这些探索，已有研究者从不同维度进行了一些梳理。概括起来，主要有三个维度。第一个是分析总结领袖人物如毛泽东、邓小平等人对我国城市化问题的实践探索（管岭，2008；申小蓉，2006）。第二个是分析总结学者们对我们城市化问题的理论探索（王颖，2000；王琼，2002；薛风旋，2002）。第三个维度则重点探讨了我国发展小城镇的理论与实践（邹远修，2003；秦尊文，2004；郭元阳，2007）。所有这些文献都给我们提供了许多有价值的信息。本章将在此基础上，从更长的历史尺度和更综合的角度，对我国新中国成立以来城市化思想和实践的演变作进一步的挖掘。

城市化是一个综合概念，在某种程度上可以说城市化就相当于现代化。现代化的重要特征就是城市化，它不仅意味着人们怎样生活，还意味着人们在哪里生活。城市化是伴随现代化（以工业化为主要内容）而产生发展的，现代化（主要是如何实现工业化）思想和模式对城市化思想和模式影响巨大，我国也不例外。历史文献表明，我国各时期主要国家领导人对实现现代化的探索，特别是在对工业现代化的探索中所体现的对城市建设和城乡关系的思考深深影响了中国城市化的路径和进程。政治人物的现代化思想和实践对中国城市化的主导作用是中国城市化思想和实践变迁的最大特征。根据这个特征可以将中国城市化思想和实践的发展划分为四个主要时期：新中国成立前后至"大跃进"时期、"大跃进"至"文化大革命"结束、改革开放至20世纪末和21世纪初以来。

二　新中国成立前后至"大跃进"时期

这一时期的主要特征是：城市领导乡村、城乡互助、统筹发展。中国共产党人在以毛泽东同志为核心的中共第一代领导集体的带领下，新中国成立初期对中国的城市化建设道路进行了积极探索。这条道路就是城市发展工业，变消费性城市为生产性城市；城市为农村提供消费品，工业为农业提供机械化手段，农村为城市提供粮食蔬菜肉类等生活物资，农业为工业提供原材料和市场；城市领导乡村，工业领导农业，同时工业的发展及城市的发展又要以农村、农业的发展为基础。城乡之间存在互帮互助、统筹发展的辩证关系。

（一）城市化思想

早在中国人民战胜法西斯日本前夕，毛泽东在中国共产党第七次全国代表大会上就对抗战胜利后中国未来的城市化问题有过论述。这是在论述土地问题时毛泽东谈到农民向市民的转化，他认为，"农民——这是中国工人的前身。将来还要有几千万农民进入城市，进入工厂。如果中国需要建设强大的民族工业，建设很多的近代的大城市，就要有一个变农村人口为城市人口的长过程"。（毛泽东，1991）可以看出，此时毛泽东对城市化的认识是农民要进城，要进工厂，要发展大城市，城市化是一个长期的过程。在新中国成立前夕的中共七届二中全会上，毛泽东又进一步地论述了城市的重要性及城乡之间的关系。指出："从现在起，开始了由城市到乡村并由城市领导乡村的时期。党的工作重心由乡村移到了城市。""城乡必须兼顾，必须使城市工作和乡村工作，使工人和农民，使工业和农业紧密地联系起来。"（毛泽东，1991）毛泽东在这里强调了随着革命形势的发展，以农村包围城市，最后夺取政权的战略已经实现。党的下一步工作是学会建设城市，以城市发展带动农村发展，并且城乡一定要统筹发展思想。

周恩来在1949年年底的一系列会议讲话中也谈到了对城乡关系的看法。他认为，中国革命通过农村包围城市，进而解放城市，回过头来再以集中的城市领导分散的农村，以工业领导农业进行建设，这是城乡之间的一种辩证关系。对于为什么确立城市领导乡村，工业领导农业的方针，周恩来认为，"城市对粮食和工业原料的需要刺激乡村的农业生产，城市以

消费品和生产资料的供应保证和促进乡村的农业生产"。（周恩来，1992）
但城乡之间的辩证关系还体现在农村和农业在新中国经济建设中的基础地
位的作用。如果没有粮食，城市人民就不能生活下去。只有农业恢复和发
展了，工业生产才能得到恢复和发展。1949 年 9 月 29 日中国人民政治协
商会议第一届全体会议通过的《中国人民政治协商会议共同纲领》第二
十六条中也提出了"城乡互助"的经济建设根本方针。

　　这一时期优先发展重工业的工业化战略是影响城市化思想和实践的重
要因素。城市的发展，城市与农村之间的关系都是从属于如何实现我国社
会主义工业化这个国家长远利益的。按照马克思主义理论和苏联的经验，
优先发展重工业成为当时我国工业化的主要任务。认为只有重工业（冶
金、动力、燃料、基本化学和机械制造业）有了一定的发展基础，才能
为轻工业、交通运输业和农业的现代化提供装备条件。因此，在经过
1950—1952 年三年的国民经济恢复阶段后，我国从 1953 年开始了大规模
的有计划的基本建设时期，重点是第一个五年计划（1953—1957）中由
苏联帮助设计和建设的 156 个重工业项目。在城市发展思想上与此相适
应，执行"重点建设稳步前进"的方针。即集中全国力量建设那些有重
要工程的新工业城市，以及在原来有一定工业基础的近代化城市扩建和新
建一批工厂。（中共中央文献研究室，1993）

　　新中国成立初期，我国虽然没有出现明确的城市化理论，但在指导思
想上城市化发展路径与城市化先行国家的道路是类似的。即城市化是伴随
工业化而产生的，城市的发展是工业发展的结果和要求，城市的发展是为
工业的发展服务的。工业的发展必然带来人口、交通、文化教育等资源的
聚集，从而带来城市的发展。对城市发展的规模也没有明确的限制。但有
三点不同：第一，我们强调社会主义城市不同于资本主义城市。社会主义
城市不能出现资本主义城市发展过程中出现的种种弊端，例如城市中的
"贫民窟"现象。第二，强调要建设生产性城市。因为当时认为只有有形
产品的生产才是真正的生产，而商业性活动等服务业部门是纯消费性的，
从事商业买卖、文教卫生的人士不是生产阶级。主张把中国许多古老落后
的消费性城市变为新型社会主义工业生产性城市。第三，强调城市和乡村
要相互帮助，统筹发展。

（二）城市化进展概况

　　与这一时期"城市领导乡村，城乡互助，统筹发展，重点建设稳步

前进"的城市化思想相对应的是，这段时期我国城市化发展基本是健康的，体现为对东部地区许多消费性城市的恢复重建和对中西部地区、东北地区新兴工业城市的建设。

1949 年，我国共有城市 132 座，其中东部地区 69 座，中部地区 50 座，西部地区 13 座。到 1958 年，全国达到 184 座，复合年均增长率 3.76%；其中东部地区 72 座，复合年均增长 0.47%；中部地区 73 座，复合年均增长 4.29%；西部地区 39 座，复合年均增长 12.98%。（国家统计局城市社会经济调查总队，1999）可见，这一时期国家加强了中西部地区的城市建设，特别是西部地区城市数量的增长率高达 12.98%，远高于东部地区。

这一时期城市化进展状况和"一五"期间中国政府对苏联援建的 156 个项目（最后实际投资建设的是 150 项）的选址有关。考虑到资源等因素，将钢铁企业、有色金属冶炼企业、化工企业等，选在矿产资源丰富及能源供应充足的中西部地区；将机械加工企业，设置在原材料生产基地附近。除 57 个项目在东北三省外，其他项目绝大多数都在中西部地区建设。106 个民用项目中，50 个在东北地区，29 个在中部地区，21 个在西部地区；44 个国防建设项目中，35 个在中西部地区。每一个重点建设项目都安排了一系列其他配套项目，所以，"一五"时期国家对西部地区的重点投资占到总投资的 53%，这种对西部地区的大规模开发极大地改变了西部地区的落后面貌，促进了西部地区经济的发展，有力地推动城市化进程。

从城乡人口结构方面看，这一时期城镇人口比重稳步增加。1949 年年末，全国总人口 54167 万，城镇人口 5765 万，人口城市化率为 10.64%；到 1958 年年末，全国总人口为 65994 万，城镇人口 11721 万，人口城市化率为 17.76%。

三　"大跃进"至"文化大革命"结束

这一时期的主要特征是：人民公社成为城市化的主要载体，在城市有城市人民公社，在农村有农村人民公社。在思想上追求公社工业化、城乡一体化、城乡均衡发展、消灭城乡差别。但在实践上却由于"大跃进"、"文化大革命"等严重的"左"倾政策形成了城乡隔离，造成了城乡差别不断扩大的局面。

(一) 城市化思想

1956年，我国基本上完成了对农业、手工业和资本主义工商业在生产资料私有制方面的社会主义改造。从1957年年底开始，在工业、农业和所有制等各方面我国很快进入了所谓"大跃进"的局面。1958年的"大跃进"及其所造成的后果使中国的城市化近乎停滞了，农村人口向城市人口的转移被严格限制，相反，城市人口逆向地大量向农村转移。中国第一个五年计划向苏联学习，资金积累优先投向重工业，农业和轻工业的发展受到较大影响。由于重工业的超前发展，农业发展的相对滞后，城镇人口增加对粮食的需求量超过了农业产出扣除农村自用后的可供量，出现了多次粮食紧张状况。中共中央解决粮食紧张的对策是实行粮食的统购统销，统购统销适应了计划经济体制，适应了抽取农业剩余来发展工业的需要，但却使农业的发展更无力量。毛泽东急于过渡到共产主义社会的"左倾"冒进思想在党内民主集中制遭到严重破坏的条件下畅通无阻，大炼钢铁、公共食堂、人民公社、浮夸风等使我国农村、农业、农民的生存状况恶化，我国现代化进程严重受挫。

"人民公社"虽不是毛泽东首创，但他极为赞同并大力推行。他设想"那时我国乡村中将是许多共产主义公社，每个公社有自己的农业、工业，有大学、中学、小学，有医院，有科学研究机关，有商店和服务行业，有交通事业，有托儿所和公共食堂，有俱乐部，也有维持治安的民警，等等。若干乡村公社围绕着城市，又成为更大的共产主义公社。前人的'乌托邦'的想法，将被实现，并将超过"。（薄一波，1993）毛泽东这样憧憬着通过在农村人民公社兴办工业、教育、医院、学校等城市化基础设施，使广大的农民在农村就地过上相当于或还高于城市人的幸福生活，消除城乡差别。毛泽东的这种思想不仅源于马克思主义，而且也是他对中国现实的一种考虑。《共产党宣言》十大措施中就有一条"把农业和工业结合起来，促使城乡对立逐步消灭"。列宁认为："马克思和恩格斯的理论在这方面的一个基本原理，即城乡的对立破坏了工农业间必要的适应和相互依存关系，因此随着资本转化为高级形态，这种对立就必然消除。"（中共中央马恩列斯著作编译局，1984）

新中国成立以后，中国多次出现过粮食紧张问题，原因很多。但城市人口增加对粮食的需求超过了当时农村所能提供的剩余粮食供给量是其中重要因素之一。第一次发生在 1953 年，之前每年国家向农民征收 300 亿—400 亿斤公粮就可以稳定市场，而该年公粮加上购买农民的余粮共 830 亿斤仍不能稳定粮食市场。主要原因在于 1952 年上半年城市人口不过 6100 万人，而从下半年起由于准备实施第一个五年计划，政府机构扩大了，企业和基本建设的职工都增加了，城市人口在下半年增加到 7800 万人，一下子增加了 1700 万人。政府为了保障五年计划的实施，在这年 10 月对粮食实行统购统销。1954 年、1957 年又分别出现了粮食供给紧张问题。最严重的一次就是在 1958 年秋天之后的三年，这三年虽在局部地区有自然灾害，但主要是由人为因素导致的。为了实现 1958 年钢产量比 1957 年翻一番（由 535 万吨到 1070 万吨）的大跃进目标，9 月 1 日的《人民日报》社论向全国人民发出了"立即行动起来，完成把钢产翻一番的伟大任务"。（中共中央文献研究室，1995）于是，钢铁工业的队伍从几十万人迅速扩张到几百万人，从中南海到小山沟到处都支起了"炼钢炉"，在秋收季节全民大炼钢铁，任庄稼烂在田里。与此同时，城市人口到 1961 年中却猛增到 1.3 亿。在农村出现大面积因饥荒饿死人的同时，城市粮食供给也出现严重紧张局面。粮食供给的多次紧张使中共中央认识到农村能有多少剩余粮食，决定了我国工业和城市发展的速度和规模，城市人口的规模不能增长过快。实际上，从 1952 年起政府就采取了一些限制农民自发向城市流入的政策。《中央人民政府政务院关于劳动就业问题的决定》就指出，"城市与工业的发展，国家各方面建设的发展，将要从农村吸收整批的劳动力，但这一工作必须是有计划有步骤地进行，而且在短时期内不可能大量吸收。故必须大力说服农民，以克服农民盲目地向城市流动的情绪"。（中共中央文献研究室，1995）1961 年中共中央多次下发紧急文件[①]，动员城市人口下乡，精简下放城市职工，加强城市人口户籍管理，要求在三年内减少城镇人口 2000 万以上。

因此，新中国成立后的经济发展现实使毛泽东的城市化思想发生了一些变化：以前主张随着国家工业化的发展，农村中的剩余劳动力要进城，将会出现许多大城市；现在主张农村中的富余劳动力不要大量进入城市，要就地通过农村工业化，进而实现城市一样的生活。由于新中国成立后在

---

① 参见中共中央文献研究室编《建国以来重要文献选编》第十四册，中央文献出版社 1995 年版。

城市中优先发展重工业，强调要建设生产性城市，削弱为城市消费提供服务的第三产业。但重工业相比轻工业和服务业对城市就业的吸纳要小许多，因此，面对我国既要迅速发展重工业的工业化战略要求，又要考虑80%人口生活在农村这样一个现实，毛泽东在《读苏联〈政治经济学教科书〉的谈话》中提出，"在社会主义工业化过程中，随着农业机械化的发展，农业人口会减少。如果让减少下来的农业人口，都涌到城市里来，使城市人口过分膨胀，那就不好。从现在起，我们就要注意这个问题。要防止这一点，就要使农村的生活水平和城市的生活水平大致一样，或者还好一些"。（毛泽东，1999）毛泽东设想把农村建设得和城市一样吸引人，或者还更好一些，发展乡村型的城市或像城市一般的乡村。在实践中，试图通过在农村中发展人民公社这种政社合一的新型农村经济组织和社会组织来防止城市人口的过分膨胀。毛泽东所尝试的这条离土不离乡、务工又务农、农忙务农、农闲务工、工农结合、城乡结合，使农民生活就地转化成市民生活的城乡一体化城市化道路不同于欧美国家建立在工业化发展自然引致人口集聚的传统城市化道路，也不同于战后拉美和印度等国建立在服务业发达的城市化道路。可以说这是一种结合国情的有益的探索，但是，由于随后发生的长达十年的"文化大革命"的干扰和以阶级斗争为主的工作中心，通过农村工业化进而就地实现城市化的探索直到改革开放后才有所体现。

（二）城市化进展

这一时期中国城市化的进展经历了"大跃进"时期的大起大落和"文化大革命"时期的停滞不前两个阶段。

1959年全国城市数量为179座，1960年迅速增加到199座，1961年达到高峰208座，复合年均增长率高达7.8%；而到1962年则减少为194座，1963年大幅减少到177座，1964年进一步减少到最低谷167座，复合年均增长率为-7.1%。（国家统计局城市社会经济调查总队，1999）这是当时中国共产党领导人头脑发热的"大干快上，赶英超美"发展思想在经济生活中的反映。为了实现钢铁产量1958年比1957年翻一番的目标，农村中大量农民进城当工人大炼钢铁。城镇人口激增，由1958年的11721万人上升到1960年的13073万人，增加了1352万人；而当"天灾人祸"作用发挥的时候，千万名刚从农村进城的新工人又被动员回到了农村，1963年城镇人口减少到11646万。人口城市化率从1958年的

17. 76%上升到 1960 年的 19. 75%后又快速下降到 1963 年的 16. 84% 。

1966 年全国城市数量为 171 座，到 1976 年有 188 座，复合年均增长率仅为 0. 95% 。人口城市化率从 1966—1976 年一直徘徊在 17%—18% 之间。无论从地域城市化，还是人口城市化，都近乎处于停滞状态。在这期间实行了严格的城乡户籍隔离制度，农村户籍人口几乎失去了合法迁入城市生活的机会。1958 年《中华人民共和国户口登记条例》规定："公民由农村迁往城市，必须持有城市劳动部门的录用证明，学校的录取证明，或者城市户口登记机关的准予迁入证明，向常住户口登记机关申请办理迁出手续。"自此以后，宪法中写明的公民迁徙自由的权利名存实亡，中国城乡隔离的两元户籍制度从此开始。而到了 1975 年那部被公认为严重倒退的宪法中更是取消迁徙自由的公民权利。这一时期，还存在着一个明显的人口从城市向农村流动的现象，就是城镇知识青年上山下乡运动。1962—1979 年，全国累计下乡的城镇知识青年有 1776 万人，还有几百万机关干部被下放到农村劳动接受贫下中农再教育，总共 2000 余万城镇人口流入农村。

四　20 世纪 80 年代初至 20 世纪末

改革开放以来，我国城市化思想呈现出百花齐放的形势。除了占主导地位的小城镇理论外，其他城市化的思想也异彩纷呈。新中国成立以后一直到 20 世纪 80 年代初，由于经常不断的政治斗争运动和对国外的相对封闭，我国城市化的思想仅仅体现在毛泽东等政治人物的政策主张中，缺乏学术界的讨论。国门打开之后，国外有关城市化的理论和实践逐渐被国人所了解和研究，同时对新中国成立以来我国城市化发展的历史和经验也进行了总结，许多学者从不同的角度提出了各种各样的城市化思想。

（一）城市化思想

1. 非城市化思想

"非城市化思想"在改革开放后虽不是主流思想，响应者寥寥，但作为百花中的一朵，仍不失为参考观点。这种观点主要是从马列斯的著作中寻找论据，从资本主义和社会主义的不同制度角度来论证我国实现工业化和现代化不必伴随着城市化的发展。如陈可文、陈湘舸（1982）认为，

"城市化道路不是一切工业化国家的必由之路，工业化只有在资本主义制度下才必然导致城市化。而在社会主义社会，工业化却完全可以不走城市化的道路"。汪巽人（1983）认为，"工业化导致城市化是资本主义社会的特有规律"，"同资本伴生的社会矛盾是加剧城乡对立的城市化，随公有制而来的社会演变是消灭城乡差别的城乡一体化"。"苏联出现城市化是缘于国家在指导思想上的失误，并不表明工业化导致城市化的规律适用于社会主义制度。""社会主义制度为我国作出了抉择，实现人口的战略转移必须摒弃西方世界的城市化道路，必须努力探索有中国特色的非城市化道路。"

非城市化道路思想从消除城乡对立的目标出发，认为社会主义国家可以凭借公有制的制度优势有计划地将工业在全国均衡分布，在发展工业的同时不会引起人口的集中，不会带来资本主义国家常见的城市分离和对立。这种思想是我国当时仍处在计划经济体制下的一种反映，仍带有意识形态特征，与经济发展带来人口集中的自然趋势相违背，也不符合经济社会发展的事实。因而这种观点在改革开放并没有引起多大反响。

2. 小城镇重点论

我国的改革首先从农村开始，联产承包制提高了农业产出，农村中隐性的剩余劳动力逐渐显性化。这些"不愿务农"的剩余劳动力或者头脑精明，跑买卖经商，或者随着商品市场的松动，原来的社队企业逐渐复兴和发展。人民公社体制的放弃和乡镇体制的恢复，使以乡镇企业的发展为依托的小城镇在全国各地尤其是东部沿海地区兴旺发达起来。小城镇的大发展不仅得到了政策的支持①，也得到了主流理论的证明。

1980年12月9日，国务院向各地各部门批转了《全国城市规划工作会议纪要》（以下简称《纪要》），纪要回顾了我国城市规划工作发展的历

---

① 改革开放后的国家领导人在城市化道路的选择上做的论断和指示较少。邓小平的城市化思想主要体现在沿海沿江城市开放战略、经济特区战略等改革开放大方向上。他对小城镇的大发展是肯定的，认为在东部省份农村改革成功的经验中乡镇企业和小城镇的发展是重要方面。1987年6月12日，邓小平讲："农村改革中，我们完全没有料到的最大的收获，就是乡镇企业发展起来了，突然冒出搞多种行业，搞商品经济，搞多种小型企业，异军突起。……乡镇企业的发展，主要是工业，还包括其他行业，解决了占农村剩余劳动力百分之五十的人出路问题。农民不往城市跑，而是建设大批小型新型乡镇。"（《邓小平文选》第三卷，第238页）。1997年3月27日，他在同外宾谈话时说："农民积极性提高，农产品大幅度增加，大量农业劳动力转到新兴的城镇和新兴的中小企业。这恐怕是必由之路。"（《邓小平文选》第三卷，第213—214页。）

史，认为第一个五年计划期间城市规划工作开展得比较顺利，但从 50 年代末直到"文化大革命"结束，城市规划工作实际上被取消了，造成了严重后果：大城市规模失去控制，小城镇没有得到应有的发展；城市内部建设混乱。为此，《纪要》明确提出今后我国城市发展要遵循："控制大城市规模，合理发展中等城市，积极发展小城市，是我国城市发展的基本方针。"理由是国内外经验证明，城市规模过大，带来许多难以解决的弊端；我国中等城市数量较多，分布较均衡，在这些城市有选择地搞一些工业项目，有利于争取建设时间，提高经济效果；而依托小城镇发展经济，有利于生产力的合理布局，有利于就地吸收农业剩余劳动力，有利于支援农业和促进当地经济文化的发展，有利于控制大城市的规模，有利于逐步缩小城乡差别和工农差别。

自 1980 年《全国城市规划工作会议纪要》公布以来，整个八九十年代，我国城市化发展的理论与实践就主要围绕以城市规模大小为取向的所谓城市化道路选择的争论上。大部分都是赞同和论证限制大城市规模和大力发展小城镇的声音，其中费孝通先生在 1984 年《瞭望》上发表了一系列文章，提出了"小城镇，大问题"这个命题。费先生组织了一个课题组以社会学的视角通过实地调查对苏南的小城镇发展进行了研究，探讨了商品经济、社队企业的发展与小城镇的兴衰间的关系。费先生的结论是小城镇的兴衰关系到城乡商品经济的发展，社队企业的发展是苏南小城镇重获生机的重要原因；小城镇应成为农村商品流通中心、服务中心、文化中心和教育中心；小城镇作为"人口蓄水池"是农村中几亿剩余劳动力从农业中转移出去的出路；小城镇的兴衰是关系到我国现代化发展的大事。一石激起千层浪，费先生的命题提出后，许多文献对大力发展小城镇问题进行了更广更深入的探讨①，并把它总结为走具有中国特色的城市化道路（杨重光、廖康玉，1984）。这些论证的主要依据是，中国农村人口众多，现有大中城市基础设施无法承接将要从农业中转移出来的几亿剩余劳动力，而通过小城镇发展乡镇企业和商品经济，既可以容纳农村剩余人口，发展农村的第二、第三产业，提高农民的收入，也可以促进城乡交流，避免西方国家城市化过程中"大城市病"和农村凋敝并存现象的发生。

大力发展小城镇的理论和政策适应了 80 年代大力发展乡镇企业的需

---

① 据中国期刊网数据库显示，1980—1999 年有大约 2588 篇期刊论文以小城镇为主题。

要，适应了我国改革逐步推进的需要。我国经济体制改革的基调是增量式的改革，在稳定城市国有经济的同时，首先在城乡接合部，在小城镇发展集体经济、个体经济，在特区、在开放城市发展"三资"经济。在80年代乡镇企业的大发展为多种经济成分并存和调整经济结构做出了重要贡献。90年代之后，"三资"企业的作用逐渐超过了乡镇企业，但大力发展小城镇依然是政策的基调和理论的主要声音。1990年实施的《中华人民共和国城市规划法》继续明确"国家实行严格控制大城市规模，合理发展中等城市和小城市的方针，促进生产力和人口的合理布局"为我国城市发展的基本方针。

3. 大城市重点论

虽然重点发展小城镇的声音在这个时期占据主导地位，但强调大城市的优势，主张重点发展大城市的声音也不绝于耳。胡兆量（1986）认为，工业革命以来，大城市的发展速度明显加快了。大城市的人口增长速度比城市人口增长快，比总人口增长更快，它的出现具有普遍性、反复性与客观性，具有统计上的规律性。李迎生（1988）认为，根据城市化发展的一般规律和我国现阶段的基本国情，现阶段我国城市化的合理模式必须选择以大城市为主体的城市化模式。李迎生的大城市发展模式包括三个方面的含义：一是指继续发展现有的大城市。并随着质量和效益的提高，适当扩大其规模；二是指根据社会经济发展的需要，将一批各方面条件优越、经济效益较高的中小城市扩建为大城市；三是指在一切可能的地方新建大城市，以推动区域城市化的发展。饶会林（1989）从城市经济规模效益、社会规模效益、环境规模效益、建设规模效益四个方面论述了大城市比中小城市更有利，并依据我国1984年统计资料，计算按城市人口平均工业生产总值发现，只有100万人口以上的特大城市才能达到平均水平以上。张正河、谭向勇（1998）认为，中国的小城镇道路是不得已而为之的，已出现比城市病更麻烦的村镇病。大力发展小城镇的政策和观点是出于保障城市居民福利的思想，而非发展的道路。把大力发展小城镇作为我国城市化的唯一道路是一条非常危险的道路。

主张重点发展大城市的研究者列举的理由主要包括：第一，大城市的发展是工业化过程中的普遍现象；第二，大城市的规模经济和集聚效应远高于小城镇，大城市能最大限度地节约土地；第三，小城镇浪费土地资源、水资源和公共建设资源，不容易解决环境污染问题，影响了第三产业发展，提供的就业机会有限。

4. 中等城市重点论

1990 年前后，中等城市的作用得到许多学者的重视。[①] 中等城市被认为既可以克服大城市和小城镇的缺陷，又可以发挥大城市和小城镇的各自优点。中等城市既能够发挥工业生产与城市社区的集聚效应，克服小城镇在这方面的不足；又能够避免大城市人口过度密集可能引发的城市病。与大城市和小城镇相比中等城市比较容易实现经济效益、社会效益和环境效益的统一。我国城乡之间落差较大，主要是由于中等城市发展不足所致。中等城市一般位于大城市和小城镇的接合部，加快其发展可以起到沟通大城市和小城镇之间的桥梁作用，从而实现城乡协调发展的目标。如宋书伟等（1990）指出，客观条件不允许我国走西方大城市化道路，大城市容易出现"现代城市病"；而由于传统农业社会结构的惰性太强，加之自然条件不允许，在农村就地实现城市化阻力太大。建议采取中间突破带两头的办法——直接有计划地建设和发展人口在 20 万—50 万的中等城市，吸引大城市和农村的人力物力向它们转移和集中。万大平（1990）认为，中等城市能使城市规模和城市效益二者良好地结合起来。[②] 李金来认为，世界发达国家城市化的进程在城市结构上普遍经历了"分散—集中—再分散"三个历史阶段。即发生产业革命之前，普遍存在着的是分散的小城镇；产业革命后出现了越来越多的大城市，人口向大城市集中；但随着大城市病的出现，城市人口已不再向少数大城市聚集，而出现了明显的向中小城市分散的趋势。并以德国莱茵—鲁尔区为例，说明中等城市组成的城市群代表着城市发展的方向。我国应不再沿袭"小—大—中"的发展模式，应积极主动发展中等城市，走一条超前型具有中国特色的城市化道路。

5. 城市体系论

有些研究者认为，自国家提出"严格控制大城市规模，合理发展中

---

① 1989 年 12 月，北京市社会科学院社会学所与《城市问题》编辑部联合举办了"中等城市在现代社会发展中的战略地位理论讨论会"，有众多专家学者提交了论证中等城市作用的论文，详细论述可见王文元所写的讨论会的综述（王文元：《中等城市在现代社会发展中的战略地位理论讨论会综述》，《城市问题》1990 年第 2 期）。

② 参见万大平《论中等城市在我国现代社会中的地位与发展》，《中南财经政法大学报》1990 年第 5 期。

等城市，积极发展小城市"发展方针后，学术界对中国特色的城市化道路问题的讨论局限于城市规模大小上有失偏颇。要么主张重点发展大城市，要么主张重点发展小城镇，这样一些观点都有片面性。方向新（1989）认为，应该从城镇体系的建立和完善角度对中国特色的城市化道路进行探讨，并要考虑城市化过程中的阶段性和我国区域发展不平衡性特点。因此，他既反对小城镇重点论，也反对大城市重点论，而强调要根据各地区不同的经济发展阶段构建适合当地的城镇体系。这种观点也有人称之为均衡发展论①，即认为大中小城市应构成一个互为协调、互相沟通、均衡发展的多层次多功能的城市网络体系，而不能特别强调某一规模的城市发展。

也有学者对把带有人口数量指标的城市规模政策作为我国城市发展方针提出质疑（周一星，1992）。认为，只存在理论上的最佳规模，不存在实际的城市最佳规模；只存在具体城市在特定时段的适宜规模，不存在国家统一的适宜规模。国家应该从完善城市发展机制、提高城市的综合效益、优化城镇体系网络等方面，实行更深入更有效的宏观政策指导。

6. 其他城市化思想

除了上述以城市规模大小为焦点的城市化道路问题的讨论之外，一些学者跳出这个框框，从其他角度研究城市化问题，诸如关于城市化动力问题，城市化与工业化和经济水平的协调问题，城市化过程中农业人口的职业转换和地域转换问题等。

（1）城市化动力问题。有学者认为，根据影响城市增长的内外部因素不同，可以将城市化模式划分为三种类型：内生导向型、外向刺激型、混合推进型。② 如同工业革命在各国发生的背景不同一样，各国城市化背景也不同。在不同的背景下，城市化的推动力量也不一样。先行实现城市化的国家其城市化的动力基本上来自内部；但日本这样的国家其现代化的时间后于先行国家而又早于发展中国家，其城市化的动力既来自内部，又来自外部；对于后发国家来说，由于经济全球化越来越明显，其城市化的动力来自外部的影响越来越大，要注意到这种城市化的时代背景。

① 请参见王颖《世界城市化模式与中国城市化道路》,《经济研究参考资料》1985 年第 149 期。

② 参见陈彤《城市化理论·实践·政策》，西北工业大学出版社 1993 年版。

（2）城市化与经济水平的协调问题。周一星（1982）在探讨我国城市化发展问题时较早地考察了经济发展水平与城市化水平间的相关关系。他以人均国民生产总值作为反映一国经济发展水平的综合指标，以城镇人口占总人口的比重作为反映一国城市化水平的指标，对137个国家的数据进行回归分析。其结论①是一个国家在工业化的不同发展时期，城市化水平与经济发展水平之间有高度的一致性，两者呈共同增长趋势，但随着经济发展水平的提高，人均总值每增加一定数量，相应的，城镇人口增加的比重数逐渐下降，城市化的发展随经济的发展而具有阶段性。也有学者进一步结合国内外城市化的理论和实践论述了同步城市化、逆城市化、超前城市化、过度城市化和滞后城市化等现象。② 认为，发达国家的城市化水平与其工业化水平基本是相协调的，是所谓同步城市化；发达国家在城市化发展到一定程度后，大城市的人口聚落模式发生了新的变化，由过去的人口向中心集中转变为人口向郊区分散转移，呈现都市连绵区现象，这被称为逆城市化。逆城市化是在城市高度发展的基础上出现的一种人类生活方式的高级化，它不同于我国的人口就地转移的乡村城市化。拉美国家的城市化速度远高于其工业化速度，城市化水平和工业化水平相脱节，形成所谓的超前城市化或过度城市化。而我国则长期以来处于滞后城市化状态，城市化水平低于相应的工业化水平，影响了产业结构的升级和国民经济的均衡发展。

（3）空间迁移与职业转换问题。有学者分析，农村人口向城市人口转化包括两方面内容：一是职业的转换，即依靠什么生活；二是生活环境的转移，即空间的迁移。英国的圈地运动、德国的容克赎买、美国的人口自由迁徙、苏联的指令性迁徙所造成的农业人口向城市人口的变动都是地域转移先于职业转移（张正河、谭向勇，1998）。我国离土不离乡的小城镇城市化方式是职业转换先于地域转换，这种转换是不稳定的。

（二）城市化进展

改革开放以后，中国面貌逐渐改观。无论是人们的思想，还是经济的发展都日新月异。伴随着城市化思想的百花齐放，城市化的实践也随着经

---

① 参见周一星《城市化与国民生产总值关系的规律性探讨》，《人口与经济》1982年第1期。

② 参见谢文蕙、邓卫《城市经济学》，清华大学出版社1996年版，以及简新华、刘传江《从外国的城市化看中国的城市化》，《城市问题》1997年第5期。

济的发展在推进。可以把这一时期的城市化进展大体分为三个小阶段：

第一阶段是恢复阶段，时间大致从中共中央十一届三中全会召开到中华人民共和国成立 35 周年。这一时期，经济的发展和经济体制的改革以农村的土地承包为主要动力，城镇的发展处于恢复之中。城镇人口增加较快，主要是大约 2000 万上山下乡的知识青年和下放干部返城并就业，同时高考的全面恢复和迅速发展也使得一批农村学生进入城市。另外，农村经济的发展促生了大量乡镇企业，带动了小城镇的发展。人口城市化率由 1978 年的 17.91% 提高到 1984 年的 23.01%，年均提高 0.85 个百分点。城市数量从 1978 年的 193 座增加到 1984 年的 300 座，年均复合增长率达 7.63%。

第二阶段大约从新中国成立 35 周年大典到邓小平南方谈话的 1992 年。这一时期，经济体制改革的重点转移到了城市经济和国有企业，"放权让利"、"利改税"、"租赁承包经营"、"价格并轨" 等改革措施使经济活力大增，乡镇企业获得大发展，经济活跃的地区出现了许多新兴的小城镇，同时伴随着许多县城升格为市。1992 年城市数量增长到 517 座，年均复合增长 7.04%，人口城市化率达到 27.46%。

第三阶段大约从邓小平南方谈话到 20 世纪末。大、中、小城市和城镇全面发展，特别是各种类型的开发区建设成为城市化的新动力。2000年人口城市化率达到 36.22%，城市数量达到 663 个，年均复合增长率为 3.16%。

1978 年中国小城镇 2176 座，2000 年增加到 20312 座；年均增设大约 824 座，年均复合增长率达到 10.69%。增长速度远大于同时期城市的年均复合增长率 5.77%。

五　21 世纪初以来

（一）城市化思想

1998 年以后，中国逐渐告别了短缺经济时代，进入过剩经济时代。大部分最终消费产品都面临着激烈竞争局面。通货紧缩现象的出现使不少学者认为中国长达 20 年的高速增长阶段已经结束，中国将进入一个低速增长的结构调整期（刘鹤等，1999）。形成中国通货紧缩和需求不足状况既有国际大环境的因素，更是国内经济结构和宏观经济政策的反映。一方面，城市居民对普通家电产品的消费已经饱和，产品结构亟须升级；另一方面，"三农"问题更加凸显，乡镇企业的发展出现迟缓，农民收入增长缓慢，农村公共投入不足，农业效益不高。国内这两方面的因素加上东南亚金融危机使我国经济增长放缓。这个时候许多学者提出，加快城市化的进程可以一举多得，既可以刺激需求，调整产业结构，也可以促进"三农"问题的解决。因此，20 世纪末的时候，城市化问题。城市发展模式问题又成为一个热点问题。这时候，由于市场经济的冲击，户籍制度亦有所松动，城市里尤其大城市里流动人口已经很多；小城镇的发展也遇到了环保、技术、市场、规模等瓶颈。人们对城市化的讨论除了城市规模这个老问题之外，更有学者把目光投向了城市本身，研究城市本身的现代化问题。

　　城市规模问题仍然是争论的焦点之一。不过，这个时候已起了一些变化。加快发展小城镇，走中国特色的城市化道路仍然是许多人的主张，[①]但同时强调现有小城镇要适当集中合并，克服散乱状况以利于环境保护问题的解决，提高规模效益。柳随年（2001）认为，小集镇从历史上看主要是地区的贸易集散地。目前，交通通信便利，经济发展有更高的要求，不宜再强调发展，还应当适当撤并，以便向市县和中心镇集中。

　　充分发挥大城市的作用，不要人为限制大城市发展的声音得到越来越多人的支持。饶会林十年之后再谈城市规模效益问题，通过比较不同规模等级城市的人均产值和地均产值，以 1991—1996 年的数据计算，人均、GDP 随城市规模的增大而增大，200 万人口以上的超大城市人均 GDP 最高，20 万人口以下的小城市人均 GDP 最低（饶会林、丛屹，1999）。所以他认为，城市规模效益规律是贯穿城市发展过程中，的重要客观规律，城市规模效益应当成为制定城市发展政策的主要依据，至于城市化过程中出现的"城市病"问题，可以通过一定的途径加以缓解和避免。王小鲁、夏小林（1999，2000）认为，改革开放后，中国工业化进程中近 20 年的大规模农村工业化（乡镇集体企业的大发展）是在市场发育不充分、特别是在要素市场尚未形成条件下走出的一条迅速发展市场导向产业的捷

---

　　①　比如国务院研究室李炳坤撰文继续论证我国城市化应当实行"大中小并举，以小城镇为主"的基本方针。参见李炳坤《论加快我国小城镇发展的基本思路》，《管理世界》2000 年第 3 期。

径。但是，随着要素市场的逐渐形成、城乡壁垒的打破和乡镇企业在某些地区的饱和与竞争力下降，农村工业化已不再是农村发展的唯一可行之路。迅速发展城市经济，将上亿农村劳动力吸收到城市产业中来，将是中国经济未来发展的一条必由之路。王小鲁、夏小林进一步建立了一个简单的城市经济模型，并通过计量分析探讨城市规模收益和外部成本的关系，得出人口规模在 100 万—400 万时城市的净规模收益最大。因此，他们主张应在继续为小城镇发展提供必要条件的同时，把政策重心从消极限制转向积极鼓励发展大城市，特别是有一二百万人口的城市。巫文艳（2001）认为，城市的规模越大，居民的消费水平就越高。国民经济高速增长在很大程度上需要城市化所带来的消费需求迅速扩张而实现。增加大城市的数量和比重，优化特大和超大城市的功能结构，将对我国今后若干年的经济增长起推动作用。①

城市化动力问题的研究也更加深入，不仅研究城市化本身的动力问题，而且应用 20 世纪 90 年代以来新经济地理学派发展的"迁移驱动模型"和"投入—产出联系驱动模型"等理论，对我国城市化驱动区域经济增长机制进行了初步探究。杨开忠（2001）得出的结论和政策建议是，要素自由流动和商品自由贸易是城市化和经济发展的重要驱动力和前提，在城市化过程中，政府没有必要也不应该去规定人口和企业区位的选择、没有必要也不应该规定是重点发展大城市还是重点发展小城镇，政府作用的关键在于为个人和企业的区位决策，为不同区位、不同规模等级的城市之间的竞争创造公开、公正的条件和环境。

国家政策方面的变化也反映了上述理论研究的成果。2001 年 3 月 15 日九届全国人大通过的国家"十五"计划中关于城市化提出的总纲是"实施城镇化战略，促进城乡共同进步"，提出要走符合我国国情、大中小城市和小城镇协调发展的多样化城镇化道路，逐步形成合理的城镇体系。有重点地发展小城镇，积极发展中小城市，完善区域性中心城市功能，发挥大城市的辐射带动作用，引导城镇密集区有序发展，防止盲目扩大城市规模。而 2006 年十届全国人大通过的国家"十一五"规划纲要中对城市化问题的指导思想则更进一步，在继续坚持大中小城市和小城镇协调发展的基础上，提出要把城市群作为推进城镇化的主体形态，以若干城

---

① 参见巫文艳《中国需要发展大城市》，《国土经济》2001 年第 4 期。

市群为主体，其他城市和小城镇点状分布，永久耕地和生态功能区相间隔，高效协调可持续的城镇化空间格局。并强调要改革城乡分割的就业管理制度，深化户籍制度改革，逐步建立城乡统一的人口登记制度，形成用经济办法控制城市人口过快增长的机制。

（二）城市化进展

小城镇的数量从 2000 年的 20312 座减少到 2010 年的 16774 座，城市数量从 2000 年的 663 座减少到 2010 年的 657 座。人口城市化率从 2000 年的 36.22% 增加到 2010 年的 49.95%。从数量的变化中可以看出，21 世纪以来，城市化的发展已经从单纯的城市数量和小城镇数量的扩张，进入到了城市结构调整阶段。大中城市的人口规模扩大，小城镇在优化合并，城市的集约功能在得到不断发展。2000 年，市区人口在 100 万人以上的 89 座城市的人口占全国城市市区总人口的比例为 64.66%，市区人口数前 10 位的城市总人口占全国市区总人口的比例是 21.99%。2010 年这一比例分别是 74.87% 和 21%，大城市市区人口比例显著增加。

六　本章结论

新中国成立以来，我国城市化思想的变迁不断反映和指导我国城市化的实践，这种变迁经历了一个否定之否定过程。以改革开放为界，改革开放之前经历了一个从新中国成立之初的城乡人口自由流动、农村人口自发向城市集聚、城市的发展不受规模限制，到限制城乡人口自由流动、农民就地城市化、限制大城市发展的变迁；改革开放之后经历了一个反向过程，从限制农村人口向城市转移的僵化的城乡隔离户籍制度逐渐过渡到城乡人口按经济规律双向流动的一体化户籍制度，从限制大城市规模、小城镇遍地开花到大中小城市共同发展的城市化方针的变迁。

改革开放前，由于多次"反右"运动，自由的学术研究受到抑制，计划经济体制要求人们的思想高度统一，由于民主集中制遭到破坏，个人崇拜的盛行，毛泽东的思想成为标准，这时期我国城市化思想主要表现为毛泽东关于城市化的思想。新中国成立后，建设一个富强独立的社会主义国家成为当时的追求目标，尽快实现工业化是全体中国人的强烈愿望，城市化程度和途径是从属于工业化方式的。在新中国成立之初经济极端落后的基础上建设一个基本完整的工业体系，我国选择的是偏重于积累而压缩消费，优先发展重工业。相应的，在城市发展上强调建设生产性城市，反对消费性城市。最初几年并没有明确反对建设大城市，也没有明确限制农村人口迁移到城市。但随着计划经济体制的实施、粮食统购统销中的失误、大跃进、浮夸风等一系列"左"的错误的发展，粮食供给发生多次紧张，正常的城乡人口流动机制逐渐被僵化的城乡分割的户籍制度所代替。大跃进后直至改革开放，人民公社体制成为农村奔向共产主义天堂的"金桥"，成为"乡村化城市"或"城市化乡村"的载体。但二十年的人民公社并没有给农村带来城市般的生活，带来的却是城乡差距的拉大，两元经济结构的加深。

改革开放后，学术理论界有了较大的自由研究空间，关于我国城市化的各种主张都表达了出来。虽然直到 20 世纪末，近 20 多年的时间里"限制大城市规模，大力发展小城镇"的思想一直占据主导地位，但其他的城市化道路声音也一直未断。21 世纪初人们在城市化的理论和实践上都更前进了一步，提出了以城市群为我国城市化的主要形态，大中小城市共同协调发展，以经济手段取代行政手段控制大城市人口过快增长，实施城乡一体化的户籍管理制度的城市化思想。但城市化滞后于工业化的矛盾直到今日仍然没有得到有效解决。工业化创造供给，城市化创造需求。东南亚金融危机后，我国主要采取扩大投资需求的措施克服通缩状态；由美国金融危机引发的我国经济趋缓单靠扩大投资需求拉动，效果已极为有限，甚至会对我国经济结构的调整累积许多负面影响。扩大消费需求应当是我国当前和今后提升经济的主要措施，而加快城市化进程，则可以释放出巨大的国内消费需求。因此，理清新中国成立以来我国城市化思想的变化轨迹对于提出以城市化为取向的经济振兴方案将有实际意义。

与上述城市化发展思想紧密相关的是中国城市化发展的曲折实践。图 5 - 1 反映了中国 1949—2011 年人口城市化率。从中可以看出，中国城市化大致经历了五个时期。1950—1955 年的稳步发展时期、1956—1965 年的大起大落时期、1966—1978 年的停滞时期，1979—1995 年的恢复稳步发展时期和 1996—2011 年的快速发展时期。1950—1955 年，城市化率从 11.15% 增加到 3.48%，年均增加 0.466 个百分点。1960 年，城市化率由于大跃进的缘故猛然提高到 19.75%，年均增加 1.254 个百分点；到 1965

年回落到 17.98%，年均下降 0.354 个百分点。1978 年城市化率为
17.92%，1965—1978 年，年均下降 0.0046 个百分点，这 13 年基本在
17%—18% 之间徘徊，人口城市化水平处于停滞状态。从 1978 年改革开
放起，中国的城市化恢复和稳步发展状态。1995 年城市化率达到
29.04%，1978—1995 年这 17 年年均增加 0.654 个百分点。1996 年中国
人口城市化率达到 30.48%，2011 年城市化率达到 51.27%。15 年每年都
持续快速发展，年均提高 1.386 个百分点。

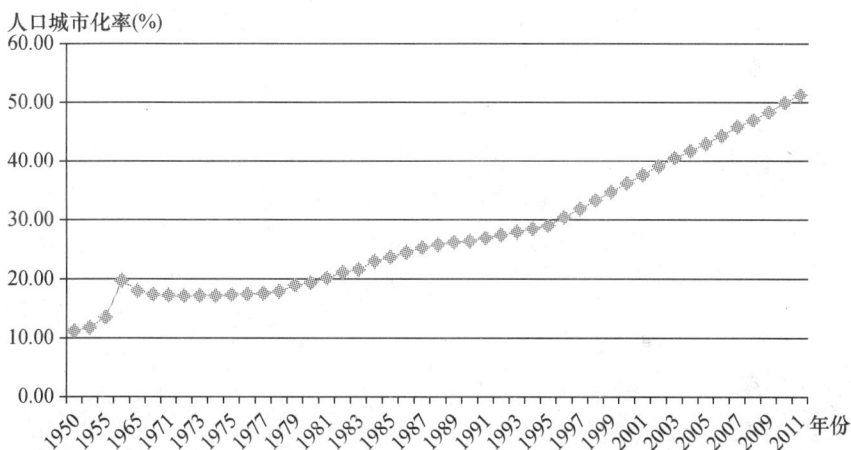

图 5 - 1　中国历年人口城市化率

资料来源：《中国统计年鉴》（2012），中国统计出版社 2012 年版。

　　上述曲线与诺瑟姆（Ray M. Northam，1975）提出的城镇化发展的 S
形逻辑曲线（见图 5 - 2）的快速发展段相吻合。诺瑟姆根据对世界各国
城市化发展进程的实证研究后提出各国城市化发展大致可以分为三个阶
段：第一阶段是从城市化率进入 10% 水平后开始启动，直到 30%，这一
时期的特点是发展缓慢，经历的时间比较长。第二阶段是 30%—70%，
主要特点是进展快速，经历的时间较短。第三阶段是超过 70% 后，城市
化进程将步入缓慢发展和稳定状态，个别国家将达到 90%，大部分国家
将在 70%—90% 之间。30% 是发展由慢到快的转折点，70% 是由快到慢
的转折点。

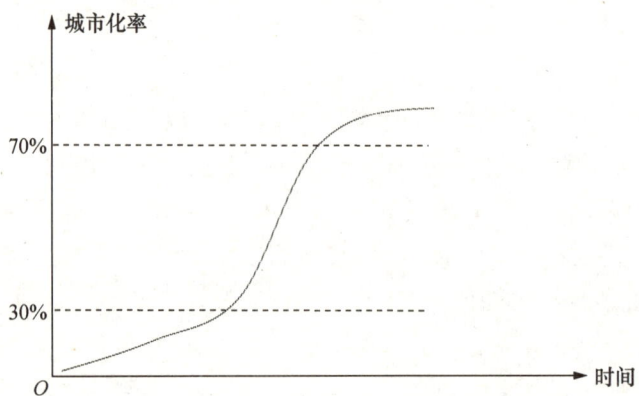

图 5 - 2　城镇化发展的 S 形曲线

第六章 中国城市化空间格局的演变与区域经济增长

一 问题

改革开放以来，中国开始走入正常城市化进程，在经历恢复和稳定发展时期之后，1996 年人口城市化率突破 30%，进入快速城市化时期。2011 年突破 50%，达到 51.27%，从全国层面上说已进入到城市化发展的一个新时期。中国城市化的快速推进已引起国内外许多研究者的关注，2000 年以来关于中国城市化的论文数量显著持续增加。[①] 这些研究集中于中国城市化道路模式（王远征，2001；赵新平、周一星，2002；白南生，2003；冯云廷，2005；温铁军，2007；盛广耀，2011）、进程水平（陈明星等，2009；陈彦光等，2006；沈建法，2005）、动力机制（郭力、陈浩，2013；俞万源，2012；吴靖，2007）以及城市化与经济增长的关系（中国经济增长与宏观稳定课题组：陈昌兵、张平、刘霞辉、张自然，2009；李金昌、程开明，2006；沈坤荣、蒋锐，2007；项本武、张鸿武，2013）的研究。这些研究加深了对中国城市化问题的认识，但大多数研究是基于全国层面或省级层面的考察，缺乏在具体城市层面的考察，并且没有考虑区域间的相互影响。由于中国幅员辽阔，区域经济发展不平衡，各地城市化发展水平和阶段可能有较大的差异。因此，有必要在更小的空间尺度上，考虑到区域之间的空间溢出效应，对各地城市化的相对水平和相对增长速度及其与经济发展水平的关系等问题给予研究。

---

① 在中国期刊网上以"城市化，中国"为关键词搜索，相关论文从 2000 年的 2700 余篇大幅增加到 2011 年的近 1 万篇。

二 研 究 方 法

应用空间统计中的全局昴软指数（Moran's I）和局部联系指标莉萨（LISA）考察城市化水平的空间分布格局和发展变化，并进一步考察区域人均国民收入变动与城市化水平变动之间的联系。昴软指数的计算公式是：

$$I = \frac{n}{\sum_{i=1}^{n}(x_i - \overline{x})^2} \cdot \frac{\sum_{i=1}^{n}\sum_{j=1}^{n}w_{ij}(x_i - \overline{x})(x_j - \overline{x})}{\sum_{i=1}^{n}\sum_{j=1}^{n}w_{ij}} \qquad (6-1)$$

其中，n 为区域总数目，x_i、x_j 为某属性特征在区域 i 和 j 上的观测值，$\overline{x}$ 是所有区域观测值的平均值，$\overline{x} = \frac{1}{n}\sum_{n=1}^{n}x^i$。$w_{ij}$ 为行标准化的空间权重矩阵，用来表达 n 个区域的空间邻近关系。本章选取基于距离的空间权重矩阵，假定两城市间的相互影响取决于两个城市之间的距离远近。即当 i 城市和 j 城市之间的欧几里得空间质心距离 d 小于某个门限距离（thredhold distance）D_t 时，$w_{ij}(d)=1$，大于 D_t 时，$w_{ij}(d)=0$。本章应用的软件 open Geoda 将自动给出中国地级以上城市之间至少有一个邻居的门限距离。

昴软指数 I 的取值范围在 [-1, 1] 之间。值大于 0 表示正相关，区域间存在集聚现象（高观测值集聚在一起，或低观测值集聚在一起）。值趋近于 1，则表示区域间的性质越相似，关系越密切，集聚越强烈。值小于 0 表示负相关，区域间呈分散现象。值趋近于 -1 表示区域间差异越大，分布越不集中，值等于 -1 表示完全分散分布，就像棋盘上的黑白方块一样均匀分布。值等于 0，表示区域间不相关，是随机的关系。

还可以将昴软指数转化成标准化的统计量 Z 来检验区域间是否存在空间自相关关系。

$$Z = \frac{I - E(I)}{\sigma(I)} \qquad (6-2)$$

其中，$E(I)$ 为昴软指数零假设（空间不相关假设）下的理论期望值，$E(I) = -1/(n-1)$ 是昴软指数的标准差。如果 Z 值在 [-1.96, +1.96]

之间，那么在 0.05 的置信度（阈值 1.96）下，零假设成立，区域间不存在空间自相关。如果 $|Z| > 1.96$，则零假设在 0.05 置信度下不成立，区域间存在显著正或负相关。$Z > 1.96$ 时为正的空间自相关，高观测值区域与高观测值区域（或低观测值区域与低观测值区域）在空间趋于集聚。当 $Z < -1.96$ 时，存在负的空间自相关，高观测值区域与低观测值区域趋于交叉分布和相互邻接。

昂软指数判断出观测值在整体上的空间相关类型后，再用空间联系局部指标（LIsa）来判断究竟是哪些区域是高值集聚，哪些区域是低值集聚。LIsa 指标通常用局昂软指数来代表，并用 LIsa 聚类地图来直观显示。

$$I_i = \frac{n(x_i - \overline{x}) \sum_{j=1}^{n} w_{ij}(x_j - \overline{x})}{\sum_{i=1}^{n} (x_i - \overline{x})^2} \qquad (6-3)$$

再把 I_i 转化成标准化统计量 Z 值进行检验，当通过检验达到显著性水平时，若有显著的正的空间自相关，说明某区域与跟它观测的属性特征值相似的区域邻近，形成空间集聚。当属性值都较高时，是高值区域与高值区域相集聚，用 HH 表示；当属性值都较低时，是低值区域与低值区域相集聚，用 LL 表示；如果区域本身属性值较高，而其周围属性值较低，是高值区域被低值区域邻近，用 HL 表示；反之用 LH 表示。

三　研究对象、变量、数据来源及数据处理

本章选取除我国港澳台地区之外的中国 269 个地级以上城市为研究对象，时间段为 2001—2010 年。

本章用人口城市化率、地域城市化率和经济城市化率三个变量来考察城市化在数量上的发展水平，用人均国民收入的变化来考察城市经济发展水平的变化。

城市化的数量发展水平体现在三个方面：一是农民转化为市民，市民在总人口中的比重不断上升；二是具备"七通一平"[1]市政条件的城市建

---

① "七通一平"是指区域内通给水、通排水、通电、通信、通路、通燃气、通热力以及场地平整。

成区面积不断扩大，自然村落面积不断减少；三是非农产业的产值在经济总量中比重不断上升，农业产值的比重不断下降。对应这三个方面，可以用人口城市化率、地域城市化率和经济城市化率来考察一个区域的城市化水平。在自然发展的情况下，这三个指标应该是同步增长的，一阶差分应该高度相关。但在受到外部影响（如政府政策）的情况下三个指标可能不一致，因此，可以用这三个指标的某种加权平均值来考察一个区域的城市化水平。由于人口城市化比较易于观察，所以许多情况下仅用人口城市化率来表征城市化水平。本章将对这三个指标分别予以考察。

人口城市化率用 $URBP$ 表示：

$$URBP = UP/P \times 100\% \qquad (6-4)$$

其中，P 表示某个区域的总人口，UP 表示某个区域的城市化人口。中国过去实行严格的城乡户籍分割制度，因此有比较完整的农业户籍人口和非农业户籍人口的统计数据。非农业户籍人口一般生活在城市里，因此中国各地区的城市化人口可用该地区的非农业人口来表示。但随着人口流动的加快和增长，传统的非农业人口数量已不能准确地反映城市化人口的真实程度。现在常用的是用城市常住人口数量来表示城市化人口，即在某个城市居住满半年以上的人口就算该城市的城市化人口，而不论其是否是非农业户籍，也不论其户籍是否在本市。本章用城市常住人口来代表城市化人口 UP。

地域城市化率用 $URBL$ 表示：

$$URBL = UL/L \times 100\% \qquad (6-5)$$

其中，L 表示某个区域的土地总面积，UL 表示该区域的城市建成区面积。中国城市概念是一个行政区划单位，被划分为直辖市、副省级城市、地级城市和县级城市，它不是地理学意义上的城市化区域。城市的面积是这个行政区域的总面积，它并不能反映这个城市的城市化区域。建成区则是该行政城市中城市化区域面积的大小，这些城市化区域或者集中连片，或者是若干个分散的城市化区域。建成区标志着城市不同发展时期建设用地状况的规模和大小。因此本章用建成区面积与城市行政总面积之比作为反映地域城市化水平的指标。

经济城市化率用 $URBE$ 表示：

$$URBE = URE/E \times 100\% \qquad (6-6)$$

其中，E 表示某个区域的地区生产总值，URE 表示该区域内由城市化区域经济主体所创造的国民生产总值。

基础数据来源于 2002 年和 2011 年《中国统计年鉴》、《中国城市统计年鉴》和《中国人口和就业统计年鉴》。

根据（6-4）式、（6-5）式和（6-6）式分别计算 2001 年和 2010 年 269 个地级市的人口城市化率、地域城市化率和经济城市化率。然后根据（6-7）式计算 2001—2010 年城市化率的年均增长速度，以便和各城市 2001—2010 年的人均国内生产总值的增长速度进行相关性分析，考察城市化水平的变动和经济发展水平变动之间的联系。

$$G_{ij} = \frac{Y_{ij}^{2010} - Y_{ij}^{2001}}{9} \qquad (6-7)$$

其中，G_{ij} 是第 i 城市的某个 j 变量 Y_{ij} 在 2001—2010 年的年均增长速度，Y_{ij}^{2001} 和 Y_{ij}^{2010} 分别是 2001 年和 2010 年的 j 变量的值。为了便于进行空间统计分析，消除增长数据中可能出现的负数现象，将得到的各城市的 G 值进行"最大—最小"标准化处理。

$$SG_{ij} = \frac{G_{ij} mig_j}{\max g_j - \min g_j} \qquad (6-8)$$

其中，SG_{ij} 是第 i 个城市 j 变量的标准化值，其取值范围介于 0—1 之间，$ming_i$ 是 j 变量在所有城市中的最小值，$maxg_j$ 是 j 变量在所有城市中的最大值。按照（6-8）式将由（6-7）式得到的所有城市的人口城市化率年均增长率、地域城市化率年均增长率、经济城市化率年均增长率和人均 GDP 的年均增长率进行标准化处理。

四　中国城市化空间演变格局分析

（一）中国城市化发展速度的空间集聚特征

为了从总体上把握中国城市化进展状况，将由（6-8）式计算出的各城市的人口城市化率年均增长率、地域城市化率年均增长率、经济城市化率年均增长率的标准化值根据公式（1）计算出这些城市化水平指标的全局昂软指数值，结果如表 6-1 所示。

表6-1　　中国地级以上城市 2001—2010 年各项城市化进展速度的
昂软指数统计值

城市化水平指标	URBP－G	URBL－G	URBE－G
昂软指数	0.2506	0.2382	0.1772
E（I）	－0.0029	－0.0029	－0.0029
Z	13.6970	13.0568	9.3675

　　从表6-1可以看出，各项城市化水平指标在2001—2010 年的年均增长率的昂软指数都大于零，并且显著性指标 Z 都远大于1.96，表明无论从人口城市化的发展、地域城市化的发展，还是经济城市化的发展来说，在空间格局上都呈现"高值集聚"或"低值集聚"现象。相邻城市之间的城市化发展具有较明显的溢出现象，城市化发展较快的城市周边往往也是城市化发展较快的城市，城市化发展速度较慢的城市周边往往也是较慢的城市。从数据还可以看出，人口城市化率的年均增长速度和地域城市化率的年均增长速度的 I 值相近，并且比经济城市化率的年均增长速度的 I 值要高。说明人口城市化进展和土地的城市化进展的空间集聚性比经济城市化进展的空间集聚性要大。

　　上述 I 值指出了各个城市化指标的进展速度在空间上呈正的相关性，但这只是一个全局性指标，为了能指出具体是哪些城市的发展呈"高值—高值"相关，哪些城市是"低值—低值"相关，我们通过计算空间联系的局域指标即局域昂软指数值，并将其转化成可视化地图（见图6-1、图6-2 和图6-3）和制作昂软散点图（见图6-4、图6-5 和图6-6），分析不同区域的集聚类型。

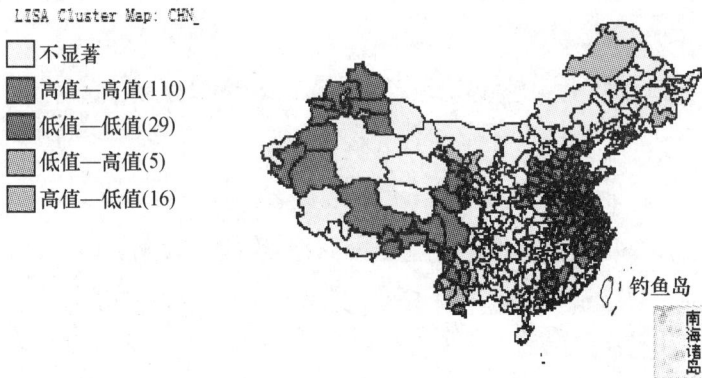

图6-1　人口城市化增长速度的局域昂软指数聚类地图

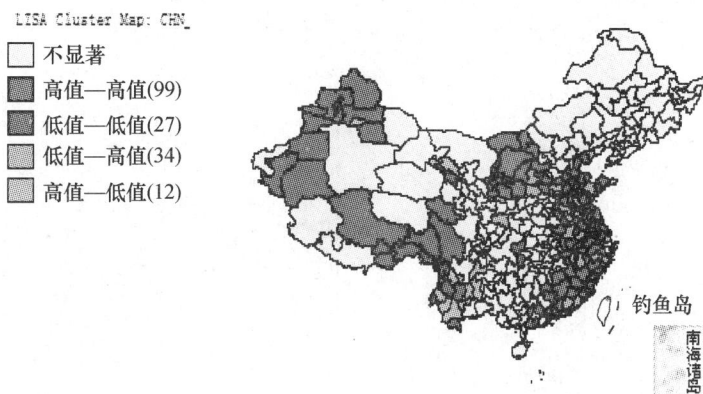

图 6 - 2　地域城市化增长速度的局域昂软指数聚类地图

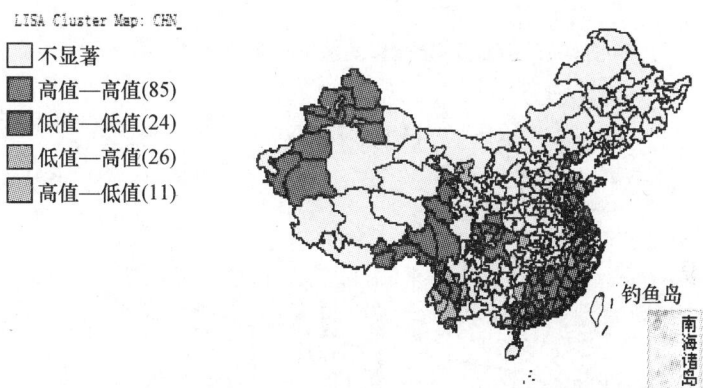

图 6 - 3　经济城市化率增长速度的局域昂软指数聚类地图

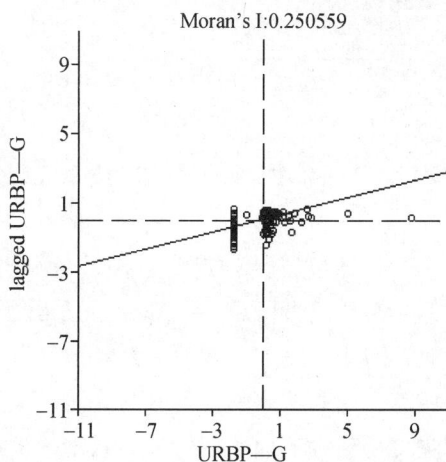

图 6 - 4　人口城市化率发展速度的昂软散点图

Moran's I:0.238157

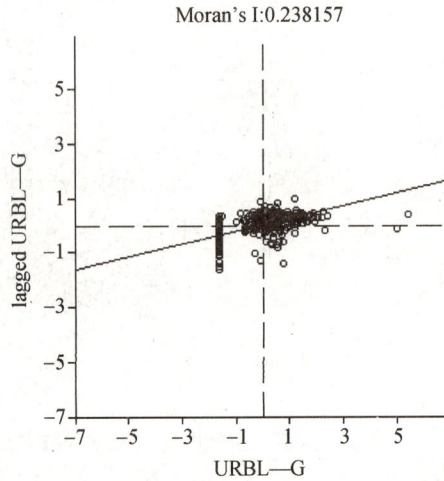

图6-5 地域城市化率发展速度的昂软散点图

Moran's I:0.177153

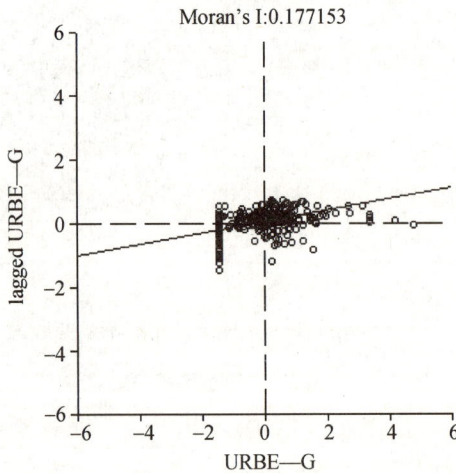

图6-6 经济城市化率发展速度的昂软散点图

从人口城市化率增长速度空间格局看，2001年以来，城市化发展速度较快的热点地区集中在环渤海区域、中部、长三角及其周边的城市，包括山东、山西、河北、河南、安徽、上海、浙江、江苏、江西、福建和辽宁东部等省的部分城市，山东城市的表现最为显著。发展较慢的冷点地区集中在西部城市，主要是新疆、西藏、青海、云南等地区的城市。

从地域城市化率增长速度空间格局来看，2001 年以来城市化发展速度较快的热点地区集中在内蒙古、宁夏、山西、河北、山东、江苏、浙江、江西、广东等地部分城市。发展较慢的冷点地区集中在新疆、西藏、云南等地的部分城市。

从经济城市化率增长速度空间格局来看，2001 年以来城市化发展速度较快的热点地区集中在广东、广西、四川东部、重庆、浙江、江苏、山东、天津、河北唐山等地区的部分城市。发展较慢的冷点地区集中在新疆、西藏、青海、甘肃、四川西部、云南等地区的部分城市。

综合以上城市化发展的三个速度指标，从总体上看它们反映的趋势是一致的。西部地区的城市在这三个方面的发展都是较慢的，东中部地区都是较快的。这反映出城市之间在地域上的相互影响，发展较快的城市之间相互促进，会形成发展合力，推动城市化进一步发展。而冷点地区的城市之间由于历史、政治等原因未能形成地区合力，影响了集聚功能的发挥。从动态发展的角度看，这三个城市化指标的冷点地区都是西部地区的城市，但热点地区的主要城市却并不一致。人口城市化发展热点地区以山东的城市最为显著，地域城市化发展热点地区以内蒙、宁夏的部分城市最为显著，经济城市化发展热点地区以广东的部分城市最为显著。

五　城市化进展与城市经济增长的空间相关性分析

2001—2010 年，中国 269 个地级城市三个不同的城市化率发展速度的空间格局显示出东高西低的总体形势，从东部沿海城市、中部城市到西部城市依次降低。这和中国经济发展的空间格局是类似的。利用 Eviews 6.0 统计软件计算得到 2001 年和 2010 年 269 个城市人均 GDP 和人口城市化率、地域城市化率和经济城市化率的相关系数分别是 0.49、0.56、0.45 和 0.54、0.46、0.51。由此可见，城市化水平与经济水平呈较大程度的正相关。2001—2010 年 269 个城市人均 GDP 的增长速度与人口城市化率、地域城市化率和经济城市化率增长速度的相关系数分别是 0.09、0.24、-0.03。从增长速度上看，人均收入的变动和人口城市化率变动及经济城市化率的变动仅有较弱的相关关系，但人均收入的变动和地域城市化率的变动之间的相关关系较大，说明城市的开发建设对人均收入提高产生了较大影响。

为了直观地比较269个城市经济增长与城市化率变动之间的空间关系，先计算出2001年和2010年人均GDP，以及2001—2010年人均GDP增长速度的昂软指数分别为0.1260、0.2139、0.2512。再用可视化地图描绘出2001年和2010年人均GDP及2001—2010年年均增长速度的聚类地图（见图6-7、图6-8和图6-9）。从空间自相关指数来看，地级以上城市的人均GDP及其增长速度都呈一定程度的正的空间自相关，即高值与高值集聚，低值与低值集聚。2010年与2001年相比，低值集聚的区域变化不大，但高值集聚的区域有所扩大，内蒙古、辽宁、山东、江苏、浙江等地更多的城市加入到了高值集聚行列。对比人均GDP增长速度空间聚类地图和三种城市化率增长速度空间聚类地图，可以发现，2001—2010年间地域城市化率增长速度的空间聚类地图与人均GDP增长速度空间聚类地图相近。因此，聚类地图也指出2001—2010年中国地级以上城市人均GDP增长与城市的土地开发和建设有密切关系。

人口城市化率发展速度和人均GDP增长速度空间格局的冷点区域是近似的，都是新疆西部和北部、西藏、青海东部、甘肃南部、云南等地的城市。但热点地区有些不同，山东西南部、山西、江西、河南、湖北、安徽等地城市既是人均GDP增长速度的热点地区也是人口城市化率提高较快的城市，而内蒙古中西部、宁夏北部、陕西北部等人均GDP增长较

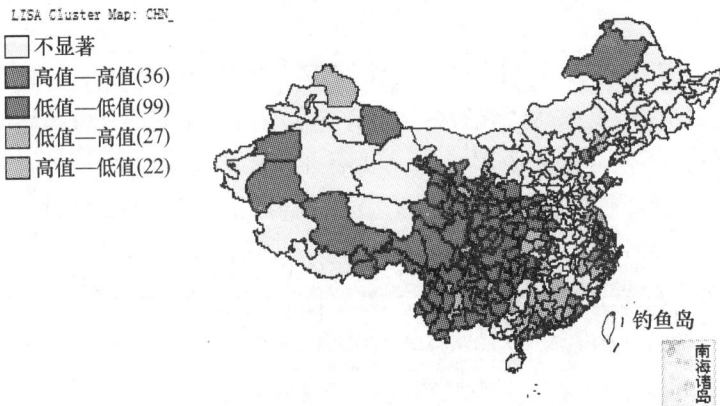

图6-7　269个地级以上城市2001年人均GDP的空间聚类地图

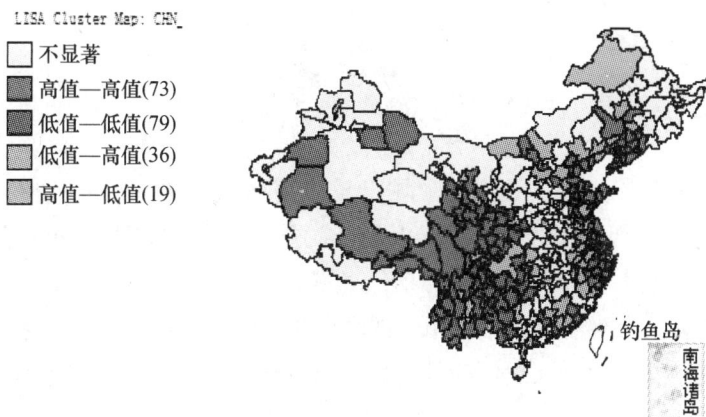

图6-8　269个地级以上城市2010年人均
GDP的空间聚类地图

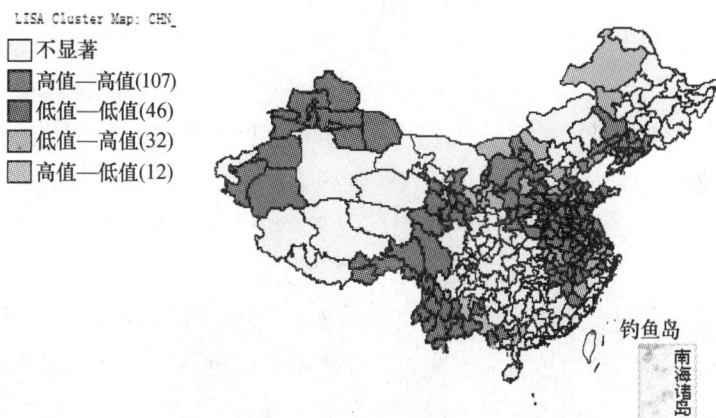

图6-9　269个地级以上城市人均GDP增长速度（2001—2010年）的
空间聚类地图

快的热点城市却不是人口城市化率提高较快的城市。说明2001—2010年
人均GDP增长较快的城市并不一定是城市化进程较快的城市，人口的城
市化相对于经济增长有一定滞后性，前期的经济水平提升会在以后促进城
市化水平提升。城市化发展较快的浙江和广东等地的城市的人均GDP增
长得并不快，因为这些地区在2001年左右经济就已经比较发达，吸引了
大量中西部地区的人来此就业和生活，使得新世纪以来按城市常住居民平
均的人均GDP的提升并不快，但城市常住人口的比重上升加快。

六　本章结论

2000 年以来，中国地级以上城市按照表征城市化水平三个指标（人口城市化、地域城市化和经济城市化）的发展速度快慢在空间格局上呈集聚现象，且主要是"高值—高值"集聚和"低值—低值"集聚，由东向西城市化速度梯度降低，说明中国城市化在空间上存在热点地区和冷点地区。三个指标的冷点地区都是西部和西南部地区，但热点地区在中东部分布并不一致。人口城市化的热点地区主要集中在环渤海区域、中部、长三角及其周边的城市；地域城市化的热点地区广泛分布在内蒙中部、环渤海、长三角、珠三角地区的城市；经济城市化的热点地区则主要集中在珠三角城市、长三角部分城市、四川东部部分城市。

经济水平和城市化水平之间有较大的空间相关性。人均 GDP 较高的城市，城市化水平的三个指标一般也比较高；人均 GDP 较低的城市，城市化水平的三个指标也比较低。但经济增长速度和城市化水平增长速度之间的空间相关性较弱。经济增长较快地区的城市，其人口城市化水平和经济城市化水平的提升速度不一定高。但 2001—2010 年的数据表明，经济增长较快的地区其地域城市化水平提高得也快，二者之间的相关性较显著。这在一定程度上说明区域内土地的城市化开发伴生着人均 GDP 的增长，基础建设和房地产行业成为拉动经济增长的重要力量。但这种力量具有周期性，建立在这个力量上的经济发展不具有可持续性。

上述中国城市化发展空间格局的演变是在政府规划、自然地理、历史积累、人口流动和经济发展等多种因素综合作用的结果。中国城市化在时间和空间上的发展，起步于中华人民共和国成立以后中国政府对工业化和现代化的探索。直到改革开放前，中央政府的意志对中国大陆地区城市化的速度和空间布局起主导作用。20 世纪 90 年代以后，市场力量和地方政府对土地财政的追求逐渐成为中国城市化在时间和空间上演化的主导动力。

中央政府的意志主要包括城市化道路的选择、城乡关系、区域关系等，包括严格控制大城市发展规模、离土不离乡的农村工业化、"三线"建设、西部大开发、振兴东北老工业基地等政策和规划，这些都体现了中

央政府对城市化速度和空间格局的主动调控。1978 年改革开放之后到
1994 年分税制改革之前，由于中央政府向省级地方政府放权，中央政府
的调控力变弱，地方政府之间展开了土地开发的竞争。沿海沿江地区由于
交通方便及其他有利政策，经济得到快速发展，从而带动了沿海地区城市
化的发展。1994 年分税制改革之后，虽然中央政府的财力逐渐增加，对
落后地区的转移支付增加，从而对城市化的发展速度和空间格局产生了一
些影响，但城市化发展的推动力量主要是"两大浪潮"——各级地方政
府所进行的"经营城市"浪潮和人口由中西部地区向东部沿海地区的
"流动"浪潮。

第七章　中国科技创新产出的空间分布特征

国外学者的一些实证研究（Feldman，1994；Anselin et al.，1997；Andersson，R. et al.，2005；Michael Fritsch，2004，2009）表明，创新活动在个别地区集聚，从而形成一定的空间不均衡分布格局是一种普遍现象。国内学者（罗发友，2004；范丽娜，2005；张玉明、李凯，2007）也从创新产出（主要是专利申请量和授权量）角度对我国创新活动的空间分布进行了实证分析。结果表明，我国的创新活动集中在东部沿海区域，呈明显的聚集形态。

一般而言，创新活动是附着于高新技术产业的，与先进制造业紧密相关。因此，也有一些从高新技术产业分布的视角进行的研究（唐根年等，2004），实证结果表明：从地理空间上分析，各地区高技术产业成长、发展水平存在明显的差异性，我国高技术产业较明显的集群发展态势，主要呈现在京津唐、长江三角洲和珠江三角洲三大地区。我国高新技术产业以及相关创新活动呈现出明显的区域不均衡特征。

本章简要考察国外的一些相关实证研究后，着重以授权专利产出为指标考察我国创新产出的空间分布特征，考察创新活动主体的集聚对创新生产力的影响。

一　国外相关实证研究

德国耶拿弗里德里希席勒大学迈克尔·弗里奇教授（Michael Fritsch，2004）利用欧洲11个地区制造业企业的数据，分析了区域制造业合作行为和研究与开发的效率。他通过邮寄问卷调查取得数据，调查在1995—1998年分两个阶段进行，最后收回大约4300份有效问卷。他以专利授权作为产出，分别计算其对研发资金投入和研发人员投入的弹性，他发现处于不同区域的企业在 R&D 活动的效率上存在着显著差异。总体上看，分析结果显示位于较大集聚地的企业相对而言比处于低密度人口或更外围地区的企业更易于有研究与开发活动，但在一些城市化水平较低的地区研发产出弹性也较高。但无论如何，没有数据表明，外围区域或人口稀少地区比中心地区在研究开发上有优势。这在某种程度上验证了相关文献中提出的核心—外围模型的存在及集聚对研究开发的促进作用。

弗里奇教授进一步研究了德国的创造性人才的地理分布情况（Michael Fritsch，2009）。他发现大城市中创造性人才人口比重较大，但小地方和乡村地区也有可观的创意人才。种族和文化的多样性，以及在健康和教育方面的公共支出水平可以对创造性人才的分布做出解释，就业机会似乎仅起到了较小的作用。

安德森等人（R. Andersson et al.，2005）利用瑞典 1994—2001 年的商业授权专利分析了新知识的生产在空间的分布。他们的研究结果表明，集聚和空间因素对创造性活动发挥了重要影响。在较大的、劳动力密度更大的市场上专利活动更多，中等规模企业雇用的劳动力所占份额越大的地区专利活动越多，多样化的劳动力市场上创新活动越多。证实了城市化和地方化经济对刺激创新活动的重要性，他们的数据表明瑞典在 20 世纪 90 年代的城市化对瑞典的创新活动的总量水平有着重要的影响，给专利总量水平增加 5 个百分点的。

米尼斯特瑞（A. Ministeri，2003）研究了意大利创新活动的空间分布情况。他发现，在意大利北部存在较高（80%）的创新集聚特征，在两个观察期内这种分布都比较稳定。无论是专利数还是研发人员数在空间的分布都呈集聚模式，创新活动更多的地区大多位于意大利的北部，集中在大都市区的城市中，以及艾米利亚—罗马涅大区（Emilia Romagna）和托斯卡纳区（Toscana）的那些重要的生产型中小城镇中。这些地区都沿着公路网，由高速公路相互连接。

国际上的实证研究结论总体上是肯定创新在空间分布上是呈非均衡的集聚形态，并从实证的角度研究了影响创新的因素。

二　数据选择

本节以我国实际数据，检验创新活动在空间分布上的不均衡性。创新活动的强度可以用创新投入强度或者创新产出绩效来描述，这里以创新产出数量来分析，因为产出比投入更能反映创新活动的真实情况。理论上描述创新产出的变量有许多，比如专利数量、新产品数量、新工艺数量、新产品产值、科技论文，等等。易于衡量（原先没有的）、数据完善易得而又与经济价值紧密相关的是专利数据，因此，一般都选择专利数据作为反映创新产出的一个衡量指标（吴延兵，2006，2007）。虽然专利并不是一个尽善尽美的指标，例如并不是所有的创新结果都申请和被授予了专利，专利之间的社会价值和经济价值也千差万别，但尽管有这些保留的问题和困难存在，专利数据仍然是进行技术进步研究的一个独特的资源（Griliches，1990）。在专利数据中有专利申请数据和专利授权数据，专利申请数据含有水分，因为只要满足了形式的审查就被列为申请数据，而专利授权则必须通过实质审查，一般是货真价实的新东西。因此，本章选择专利授权数据为研究对象。

鉴于数据的易得性，本章选择以省、直辖市、自治区和特区一级区域为空间点，这样包含港台在内的省一级区域空间点共有33个（澳门专利授权数量很小，并且直到2000年才有统计数据，因此本章中将澳门排除），选择1994—2008年共15年的专利授权数据为数据对象。

三　描述性统计

首先对数据进行一个统计性描述，建立一个直观印象。表7-1显示，全国33个区域自1994年起共15年的专利授权数据，可以看出，各地创新产出强度悬殊，表明创新活动在区域分布上是不均衡的。以2008年为例，最多的广东省有62031件，而最少的西藏仅93件，海南、宁夏、青海也都不超过1000件。我们分别把1994年和2008年各地专利授权数按多少相对分成几组，观察其特点。1994年，专利数量不足10件的组有西藏1地；两位数组有海南、青海2地；三位数组有山西、内蒙古、

表7-1　　　　中国分地区国内专利授权数量（1994—2008 年）　　　单位：件

地区	1994 年	1995 年	1996 年	1997 年	1998 年	1999 年	2000 年	2001 年
全国	40336	41881	40337	46389	61378	92101	95236	99278
北京	3914	4025	3295	3327	3800	5829	5905	6246
天津	1064	1034	899	940	1042	1508	1611	1829
河北	1591	1580	1526	1560	2090	3011	2812	2791
山西	554	569	521	487	644	920	968	1047
内蒙古	337	415	326	372	523	723	775	743
辽宁	2715	2745	2447	2624	3162	4906	4842	4448
吉林	918	824	681	679	1051	1550	1650	1443
黑龙江	1477	1403	1202	1288	1517	2378	2252	1870
上海	1454	1436	1610	1886	2334	3665	4050	5371
江苏	2436	2413	2578	2962	3787	6143	6432	6158
浙江	2028	2131	2410	3167	4470	7071	7495	8312
安徽	597	574	555	637	933	1422	1482	1278
福建	733	933	1194	1546	2318	2934	3003	3296
江西	507	509	495	611	765	1011	1072	999
山东	2647	2861	2630	2907	4127	6536	6962	6725
河南	1267	1145	1242	1233	1803	2871	2766	2582
湖北	1051	1017	998	1041	1265	2228	2198	2204
湖南	1620	1515	1256	1333	1623	2523	2555	2401
广东	3149	4611	5273	7173	10707	14328	15799	18259
广西	631	665	646	705	853	1232	1191	1099
海南	66	108	69	167	239	342	320	303
重庆	345	305	216	339	612	1078	1158	1197
四川	1615	1714	1628	1591	1971	2921	3218	3357
贵州	248	274	259	337	418	620	710	642
云南	439	569	602	692	832	1185	1217	1347
西藏	3	2	2	6	10	14	17	22
陕西	1312	1085	968	946	1129	1569	1462	1354
甘肃	344	257	286	295	349	494	493	512
青海	58	65	43	56	62	123	117	101
宁夏	128	111	105	84	96	150	224	231
新疆	358	312	362	328	462	859	717	755
香港	559	633	612	726	794	1106	1285	1026
台湾	4171	4041	3401	4344	5590	8851	8465	9320

续表

地区	2002 年	2003 年	2004 年	2005 年	2006 年	2007 年	2008 年
全国	112103	149588	151328	171619	223860	301632	352406
北京	6345	8248	9005	10100	11238	14954	17747
天津	1827	2505	2578	3045	4159	5584	6790
河北	3353	3572	3407	3585	4131	5358	5496
山西	934	1175	1189	1220	1421	1992	2279
内蒙古	679	817	831	845	978	1313	1328
辽宁	4551	5656	5749	6195	7399	9615	10665
吉林	1507	1690	2145	2023	2319	2855	2984
黑龙江	2083	2794	2809	2906	3622	4303	4574
上海	6695	16671	10625	12603	16602	24481	24468
江苏	7595	9840	11330	13580	19352	31770	44438
浙江	10479	14402	15249	19056	30968	42069	52953
安徽	1419	1610	1607	1939	2235	3413	4346
福建	4001	5377	4758	5147	6412	7761	7937
江西	1044	1238	1169	1361	1536	2069	2295
山东	7293	9067	9733	10743	15937	22821	26688
河南	2590	2961	3318	3748	5242	6998	9133
湖北	2209	2871	3280	3860	4734	6616	8374
湖南	2347	3175	3281	3659	5608	5687	6133
广东	22761	29235	31446	36894	43516	56451	62031
广西	1054	1331	1272	1225	1442	1907	2228
海南	199	296	278	200	248	296	341
重庆	1761	2883	3601	3591	4590	4994	4820
四川	3403	4051	4430	4606	7138	9935	13369
贵州	615	723	737	925	1337	1727	1728
云南	1128	1213	1264	1381	1637	2139	2021
西藏	7	16	23	44	81	68	93
陕西	1524	1609	2007	1894	2473	3451	4392
甘肃	397	474	514	547	832	1025	1047
青海	85	90	70	79	97	222	228
宁夏	216	338	293	214	290	296	606
新疆	627	752	792	921	1187	1534	1493
香港	1185	1565	1495	1669	1881	2106	1892
台湾	10187	11329	11031	11811	13203	15806	17466

资料来源：国家知识产权局 1994—2008 年《专利统计年报》。

吉林、安徽、福建、江西、广西、重庆、贵州、云南、甘肃、宁夏、新疆、香港 14 地；四位数组 1000—1999 件的有天津、河北、黑龙江、上海、河南、湖北、湖南、四川、陕西 9 地；四位数组 2000—2999 件的有辽宁、江苏、浙江、山东 4 地；四位数组 3000—3999 件的有北京、广东 2 地；四位数组 4000—4999 件的有台湾 1 地。

2008 年，专利授权数量两位数组有西藏 1 地；三位数组有宁夏、青海、海南 3 地；四位数组有香港、新疆、甘肃、陕西、云南、贵州、重庆、广西、湖南、湖北、河南、江西、福建、安徽、黑龙江、吉林、内蒙古、山西、河北、天津 20 地；五位数组 10000—19999 件的有台湾、四川、辽宁、北京 4 地；五位数组 20000—29999 件的有山东、上海 2 地；五位数组 30000—39999 件的有 0 地；五位数组 40000—49999 件的有江苏 1 地；五位数组 50000—59999 件的有浙江 1 地；五位数组 60000—69999 件的有广东 1 地。下面对 1994 年和 2008 年的分组用空间可视化图（见图 7 –1 和图 7 –2）来显示，这样可以更直观考察区域之间少者相对越少、多者相对越多的越来越大的空间分布不平衡性。

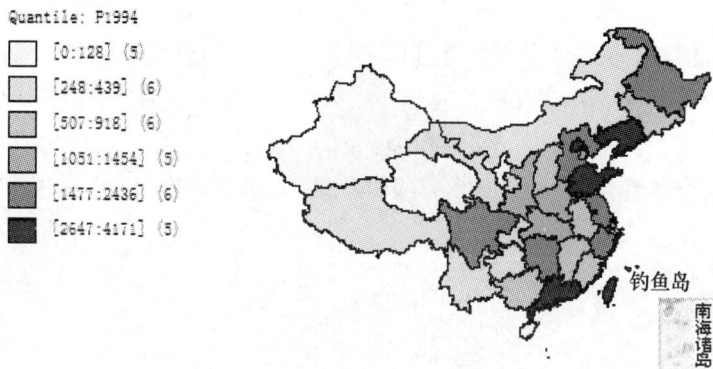

图 7 –1　授权专利（1994 年）的空间可视化图

从 1994 年空间可视化图可以看到，以授权专利数为代表性指标的创新产出在全国的分布是不均衡的。除台湾外，大陆地区的创新产出集中在东部沿海地区，其中又以北部沿海地区北京和南部沿海地区广东为最多，上海、浙江、江苏、山东和辽宁次之，其他地区较少。从 2008 年的空间可视化图可以看到，与 1994 年相比，创新产出的集聚程度更加明显，东部沿海地区与其他地区的色差越来越大。而其中广东地区独占鳌头，大大超越北京，成为授权专利最多的地区，江苏、浙江紧随其后，东部沿海地区也出现分化现象，有的地区相对更多，有的地区相对更少。其他地区则以四川为代表形成了一个创新产出的次中心。

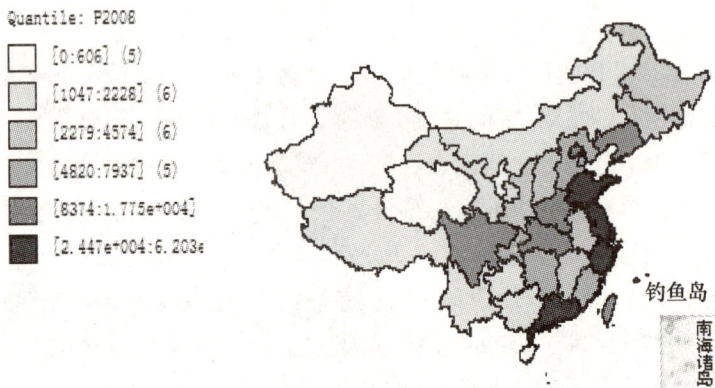

图 7 - 2　2008 年授权专利的空间可视化图

图 7 - 3 从历史趋势的角度对 1994—2008 年 15 年各地区授权专利情况进行了直观描述。从趋势图可以看到广东省专利授权总数一直领先，浙江省和江苏省从 2005 年起增速加快。这三个地区在 2008 年基本构成了创新产出第一集团。山东、上海、北京、台湾构成了创新产出第二集团，其他构成了第三集团。三个集团绝对数量的差距是很明显的，表明创新产出的空间不均衡性。

四　各地区人均与地均专利产出的不均衡性

上述结论是根据各地区授权专利数的绝对数量对比得出的，考虑各地区人口规模和土地规模的不同，下面再从人均授权专利产出和地均授权专利产出角度对比各区情况。表 7 - 2 和表 7 - 3 分别是各地区历年人口变化情况和陆地土地面积。

以每 10 万人拥有的授权专利数描述人均创新产出情况，以每万平方公里面积上拥有的授权专利数来描述地均创新产出情况，根据表 7 - 1、表 7 - 2、表 7 - 3 中的数据通过计算，可以得到表 7 - 4 和表 7 - 5。

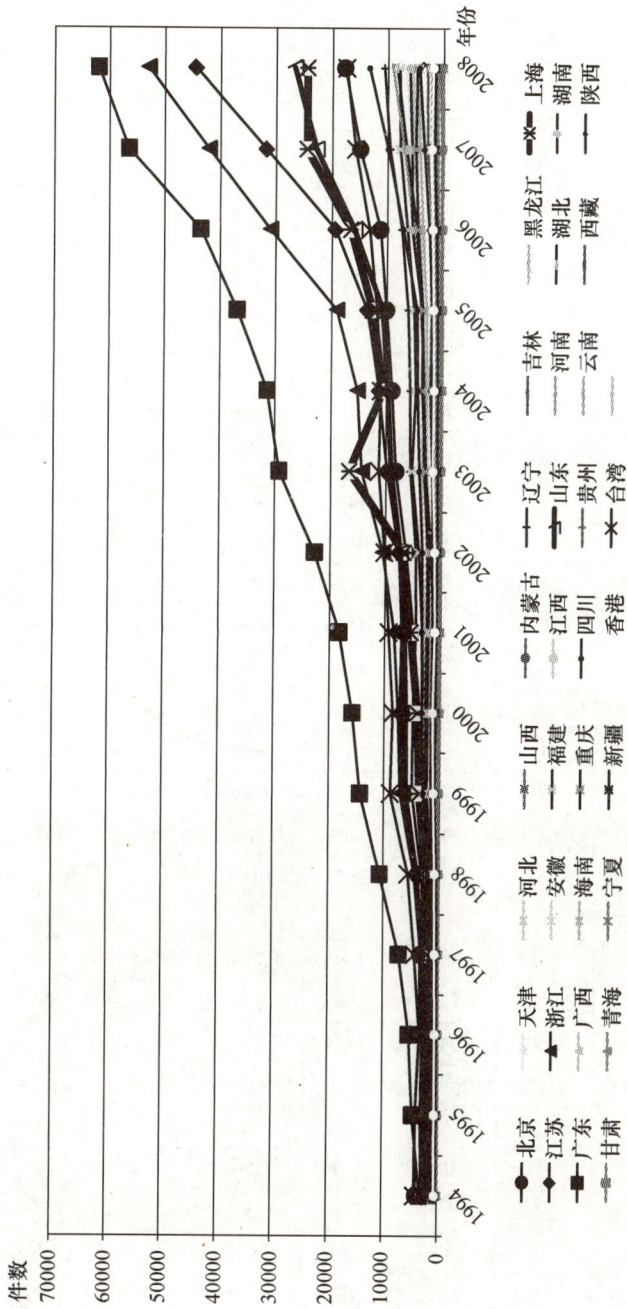

图7-3　中国各地区国内专利授权数量（1994—2008 年）

表 7 - 2 各地区人口总数（1994—2008 年） 单位：万人

地区	1994 年	1995 年	1996 年	1997 年	1998 年	1999 年	2000 年	2001 年
全国	119850	121121	122389	123626	124761	125786	126743	127627
北京	1125	1251	1259	1240	1246	1257	1357	1383
天津	935	942	948	953	957	959	1001	1004
河北	6388	6437	6484	6525	6569	6614	6674	6699
山西	3045	3077	3109	3141	3172	3204	3248	3272
内蒙古	2260	2284	2307	2326	2345	2362	2372	2377
辽宁	4067	4092	4116	4138	4157	4171	4184	4194
吉林	2574	2592	2610	2628	2644	2658	2682	2691
黑龙江	3672	3701	3728	3751	3773	3792	3807	3811
上海	1356	1415	1419	1457	1464	1474	1641	1614
江苏	7021	7066	7110	7148	7182	7213	7327	7355
浙江	4294	4319	4343	4435	4456	4475	4596	4613
安徽	5955	6013	6070	6127	6184	6237	6286	6328
福建	3183	3237	3261	3282	3299	3316	3410	3440
江西	4015	4063	4105	4150	4191	4231	4149	4186
山东	8671	8705	8738	8785	8838	8883	8998	9041
河南	9027	9100	9172	9243	9315	9387	9488	9555
湖北	5719	5772	5825	5873	5907	5938	5960	5975
湖南	6355	6392	6428	6465	6502	6532	6562	6596
广东	6689	6868	6961	7051	7143	7270	7707	7783
广西	4493	4543	4589	4633	4675	4713	4750	4788
海南	711	724	734	743	753	762	789	796
重庆	N/A	3002	3022	3042	3060	3075	3092	3097
四川	11214	11325	11430	8430	8493	8550	8602	8640
贵州	3458	3508	3555	3606	3658	3710	3756	3799
云南	3939	3990	4042	4094	4144	4192	4241	4287
西藏	236	240	244	248	252	256	258	263
陕西	3481	3514	3543	3570	3596	3618	3644	3659
甘肃	2378	2438	2467	2494	2519	2543	2557	2575
青海	474	481	488	496	503	510	517	523
宁夏	504	513	521	530	538	543	554	563
新疆	1632	1661	1689	1718	1747	1774	1849	1876

续表

地区	2002 年	2003 年	2004 年	2005 年	2006 年	2007 年	2008 年
全国	128453	129227	129988	130756	131448	132129	132802
北京	1423	1456	1493	1538	1581	1633	1695
天津	1007	1011	1024	1043	1075	1115	1176
河北	6735	6769	6809	6851	6898	6943	6989
山西	3294	3314	3335	3355	3375	3393	3411
内蒙古	2379	2380	2384	2386	2397	2405	2414
辽宁	4203	4210	4217	4221	4271	4298	4315
吉林	2699	2704	2709	2716	2723	2730	2734
黑龙江	3813	3815	3817	3820	3823	3824	3825
上海	1625	1711	1742	1778	1815	1858	1888
江苏	7381	7406	7433	7475	7550	7625	7677
浙江	4647	4680	4720	4898	4980	5060	5120
安徽	6338	6410	6461	6120	6110	6118	6135
福建	3466	3488	3511	3535	3558	3581	3604
江西	4222	4254	4284	4311	4339	4368	4400
山东	9082	9125	9180	9248	9309	9367	9417
河南	9613	9667	9717	9380	9392	9360	9429
湖北	5988	6002	6016	5710	5693	5699	5711
湖南	6629	6663	6698	6326	6342	6355	6380
广东	7859	7954	8304	9194	9304	9449	9544
广西	4822	4857	4889	4660	4719	4768	4816
海南	803	811	818	828	836	845	854
重庆	3107	3130	3122	2798	2808	2816	2839
四川	8673	8700	8725	8212	8169	8127	8138
贵州	3837	3870	3904	3730	3757	3762	3793
云南	4333	4376	4415	4450	4483	4514	4543
西藏	267	270	274	277	281	284	287
陕西	3674	3690	3705	3720	3735	3748	3762
甘肃	2593	2603	2619	2594	2606	2617	2628
青海	529	534	539	543	548	552	554
宁夏	572	580	588	596	604	610	618
新疆	1905	1934	1963	2010	2050	2095	2131

资料来源：1995—2009 年《中国统计年鉴》。

表7-3　　　　　　　　　　　　各地区陆地面积　　　　　　　　单位：万平方公里

地区	全国	北京	天津	河北	山西	内蒙古	辽宁	吉林
面积	964.3229	1.68	1.13	18.7	15.6	118.3	14.81	18.74
黑龙江	上海	江苏	浙江	安徽	福建	江西	山东	河南
45.48	0.63	10.26	10.18	13.96	12.14	16.69	15.7	16.7
湖北	湖南	广东	广西	海南	重庆	四川	贵州	云南
18.59	21.18	17.96	23.6	3.5	8.24	48.41	17.6	39.4
西藏	陕西	甘肃	青海	宁夏	新疆	香港	澳门	台湾
122	20.58	45.44	72.23	5.18	166	0.11	0.0029	3.6

资料来源：《中国统计年鉴》（2009）。

表7-4　　　　各地区人均授权专利数量（1994—2008年）单位：件/10万人

地区	1994年	1995年	1996年	1997年	1998年	1999年	2000年	2001年
全国								
北京	35	32	26	27	30	46	44	45
天津	11	11	9	10	11	16	16	18
河北	2	2	2	2	3	5	4	4
山西	2	2	2	2	2	3	3	3
内蒙古	1	2	1	2	2	3	3	3
辽宁	7	7	6	6	8	12	12	11
吉林	4	3	3	3	4	6	6	5
黑龙江	4	4	3	3	4	6	6	5
上海	11	10	11	13	16	25	25	33
江苏	3	3	4	4	5	9	9	8
浙江	5	5	6	7	10	16	16	18
安徽	1	1	1	1	2	2	2	2
福建	2	3	4	5	7	9	9	10
江西	1	1	1	1	2	2	3	2
山东	3	3	3	3	5	7	8	7
河南	1	1	1	1	2	3	3	3
湖北	2	2	2	2	2	4	4	4
湖南	3	2	2	2	2	4	4	4

续表

地区	1994 年	1995 年	1996 年	1997 年	1998 年	1999 年	2000 年	2001 年
广东	5	7	8	10	15	20	20	23
广西	1	1	1	2	2	3	3	2
海南	1	1	1	2	3	4	4	4
重庆		1	1	1	2	4	4	4
四川	1	2	1	2	2	3	4	4
贵州	1	1	1	1	1	2	2	2
云南	1	1	1	2	2	3	3	3
西藏	0	0	0	0	0	1	1	1
陕西	4	3	3	3	3	4	4	4
甘肃	1	1	1	1	1	2	2	2
青海	1	1	1	1	1	2	2	2
宁夏	3	2	2	2	2	3	4	4
新疆	2	2	2	2	3	5	4	4

地区	2002 年	2003 年	2004 年	2005 年	2006 年	2007 年	2008 年
全国							
北京	45	57	60	66	71	92	105
天津	18	25	25	29	39	50	58
河北	5	5	5	5	6	8	8
山西	3	4	4	4	4	6	7
内蒙古	3	3	3	4	4	5	6
辽宁	11	13	14	15	17	22	25
吉林	6	6	8	7	9	10	11
黑龙江	5	7	7	8	9	11	12
上海	41	97	61	71	91	132	130
江苏	10	13	15	18	26	42	58
浙江	23	31	32	39	62	83	103
安徽	2	3	2	3	4	6	7
福建	12	15	14	15	18	22	22
江西	2	3	3	3	4	5	5
山东	8	10	11	12	17	24	28
河南	3	3	3	4	6	7	10
湖北	4	5	5	7	8	12	15

续表

地区	2002 年	2003 年	2004 年	2005 年	2006 年	2007 年	2008 年
湖南	4	5	5	6	9	9	10
广东	29	37	38	40	47	60	65
广西	2	3	3	3	3	4	5
海南	2	4	3	2	3	4	4
重庆	6	9	12	13	16	18	17
四川	4	5	5	6	9	12	16
贵州	2	2	2	2	4	5	5
云南	3	3	3	3	4	5	4
西藏	0	1	1	2	3	2	3
陕西	4	4	5	5	7	9	12
甘肃	2	2	2	2	3	4	4
青海	2	2	1	1	2	4	4
宁夏	4	6	5	4	5	5	10
新疆	3	4	4	5	6	7	7
香港							
台湾							

表 7 - 5　　　　各地区 15 年地均授权专利数（1994—2008 年）

单位：件/平方公里

地区	1994 年	1995 年	1996 年	1997 年	1998 年	1999 年	2000 年	2001 年
北京	2330	2396	1961	1980	2262	3470	3515	3718
天津	942	915	796	832	922	1335	1426	1619
河北	85	84	82	83	112	161	150	149
山西	36	36	33	31	41	59	62	67
内蒙古	3	4	3	3	4	6	7	6
辽宁	183	185	165	177	214	331	327	300
吉林	49	44	36	36	56	83	88	77
黑龙江	32	31	26	28	33	52	50	41
上海	2308	2279	2556	2994	3705	5817	6429	8525
江苏	237	235	251	289	369	599	627	600
浙江	199	209	237	311	439	695	736	817
安徽	43	41	40	46	67	102	106	92

续表

地区	1994 年	1995 年	1996 年	1997 年	1998 年	1999 年	2000 年	2001 年
福建	60	77	98	127	191	242	247	271
江西	30	30	30	37	46	61	64	60
山东	169	182	168	185	263	416	443	428
河南	76	69	74	74	108	172	166	155
湖北	57	55	54	56	68	120	118	119
湖南	76	72	59	63	77	119	121	113
广东	175	257	294	399	596	798	880	1017
广西	27	28	27	30	36	52	50	47
海南	19	31	20	48	68	98	91	87
重庆	42	37	26	41	74	131	141	145
四川	33	35	34	33	41	60	66	69
贵州	14	16	15	19	24	35	40	36
云南	11	14	15	18	21	30	31	34
西藏	0	0	0	0	0	0	0	0
陕西	64	53	47	46	55	76	71	66
甘肃	8	6	6	6	8	11	11	11
青海	1	1	1	1	1	2	2	1
宁夏	25	21	20	16	19	29	43	45
新疆	2	2	2	2	3	5	4	5

地区	2002 年	2003 年	2004 年	2005 年	2006 年	2007 年	2008 年
北京	3777	4910	5360	6012	6689	8901	10564
天津	1617	2217	2281	2695	3681	4942	6009
河北	179	191	182	192	221	287	294
山西	60	75	76	78	91	128	146
内蒙古	6	7	7	7	8	11	11
辽宁	307	382	388	418	500	649	720
吉林	80	90	114	108	124	152	159
黑龙江	46	61	62	64	80	95	101
上海	10627	26462	16865	20005	26352	38859	38838
江苏	740	959	1104	1324	1886	3096	4331
浙江	1029	1415	1498	1872	3042	4133	5202
安徽	102	115	115	139	160	244	311
福建	330	443	392	424	528	639	654

地区	2002 年	2003 年	2004 年	2005 年	2006 年	2007 年	2008 年
江西	63	74	70	82	92	124	138
山东	465	578	620	684	1015	1454	1700
河南	155	177	199	224	314	419	547
湖北	119	154	176	208	255	356	450
湖南	111	150	155	173	265	269	290
广东	1267	1628	1751	2054	2423	3143	3454
广西	45	56	54	52	61	81	94
海南	57	85	79	57	71	85	97
重庆	214	350	437	436	557	606	585
四川	70	84	92	95	147	205	276
贵州	35	41	42	53	76	98	98
云南	29	31	32	35	42	54	51
西藏	0	0	0	0	1	1	1
陕西	74	78	98	92	120	168	213
甘肃	9	10	11	12	18	23	23
青海	1	1	1	1	1	3	3
宁夏	42	65	57	41	56	57	117
新疆	4	5	5	6	7	9	9

　　人均和地均授权专利，也仍然是不均衡分布的，东部沿海地区远高于中西部地区，东高西低现象很明显。所不同的是，在这两个指标上，广东不再处在第一的位置上，而是上海和北京领先于其他地区。以 2008 年为例，人均授权专利（单位：件/10 万人）从高到低分组情况如下：100—150 组有上海、北京、浙江 3 个地区，50—99 组有广东、天津、江苏 3 个地区，10—49 组有山东、辽宁、吉林、黑龙江、福建、河南、湖北、湖南、重庆、四川、陕西、宁夏 12 个地区，0—9 组有剩余其他 13 个地区。

　　地均授权专利（单位：件/平方公里）从高到低分组情况如下：30000—39999 组有上海 1 个地区；20000—29999 组 0 个地区；10000—19999 组有北京 1 个地区；5000—9999 组有天津、浙江 2 个地区；1000—4999 组有江苏、广东、山东 3 个地区；0—999 组为其他 24 个地区。

　　将 2008 年的人均和地均授权专利情况用空间可视化图（见图 7 - 4 和图 7 - 5）描述，看看它们与绝对数的空间可视化图有何异同。

从空间可视化图可以直观地观察到，无论是从人均角度，还是从地均角度，以授权专利为代表的地区创新产出都体现出很强的非均衡特征。所不同的是，在人均产出情况下，上海、北京和浙江处在第一集团，彼此相差不多，但在地均情况下，上海远远超过第二位的北京，而北京又远远超过第三位的天津、浙江等地。绝对数处在第一位的广东在人均和地均的情况下不再处于第一位。

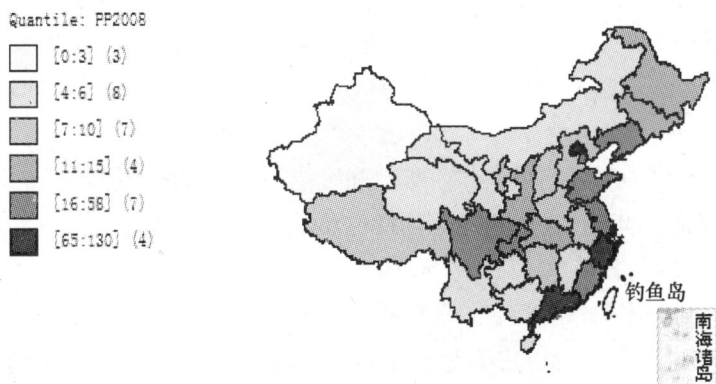

图7-4　人均授权专利的空间可视化图（2008年）

图7-5　地均授权专利的空间可视化图（2008年）

五　专利产出空间不均衡性的测度

前面对创新产出在各地区的不平衡分布分别从绝对数、人均和地均角度做了描述性分析，初步得出了实际创新产出在空间上体现出不均衡性的判断。为了数量化分析空间因素对经济活动造成的不平等程度及其发展趋势，吉布尔等人（D. Keeble，J. Offord and S. Walker，1986）在研究欧盟产业集中现象时将用于衡量收入分配不平等程度的基尼系数引入产业的空间分布分析中，提出了区位基尼系数的计算，克鲁格曼（Krugman，1991）利用区位基尼系数计算了美国 106 个制造业的基尼系数。其他学者则把分析产业市场集中度的一些指标引入空间经济活动的集聚程度分析之中。目前，分析空间集聚程度或者称为不平等程度的指标和方法主要有空间集中率指数、区位基尼系数、洛仑兹曲线、赫芬达尔—赫希曼指数（Herfindahl – Hirschman Index，HHI）、熵指数（Entropy Index，简称 E 指数，也有人称之为因托比指数）等。

本章仅通过计算空间集中率指数和区位基尼系数的数值及其变动情况来进一步验证创新产出的空间不均衡性。

（一）空间集中率

空间集中率指数借用了行业集中率指数的思想和计算方法。行业集中率（用 CR_n 表示）是指某行业市场内前 N 家企业所占市场份额的总和，一般计算四企业集中率 CR_4、五企业集中率 CR_5 或八企业集中率 CR_8。

$$CR_n = \sum_1^n S_i$$

式中，S_i 是第 i 家企业的市场份额。我们把授权专利产出作为一个创新行业的产出，把各地区比作各企业，计算创新产出份额最多的前 4 个及前 8 个地区的份额之和。计算结果见表 7 – 6 和表 7 – 7。

表 7 – 6　　授权专利产出的空间 CR_4 集中率（1994—2008 年）

年份	1994	1995	1996	1997	1998	1999	2000	2001
CR_4	0.35	0.37	0.36	0.39	0.41	0.4	0.41	0.43
年份	2002	2003	2004	2005	2006	2007	2008	
CR_4	0.46	0.48	0.46	0.48	0.49	0.51	0.53	

表 7 – 7　　授权专利产出的空间 CR_8 集中率（1994—2008 年）

年份	1994	1995	1996	1997	1998	1999	2000	2001
CR_8	0.56	0.59	0.59	0.61	0.62	0.62	0.63	0.65
年份	2002	2003	2004	2005	2006	2007	2008	
CR_8	0.68	0.7	0.69	0.7	0.71	0.72	0.74	

从计算结果可知，无论是 CR_4 还是 CR_8，都体现出授权专利产出集中程度越来越大的趋势。在 CR_4 的情况下，2007 年前 4 个地区创新产出份额之和已达全国的一半；在 CR_8 的情况下，1994 年前 8 个地区创新产出的份额之和就已达 56%，到 2008 年更是高达 74%。

（二）空间区位基尼系数

某产业区位基尼系数的计算公式如下：

$$G = \frac{1}{2n(n-1)\mu} \sum_{i=1}^{n} \sum_{j=1}^{n} |x_i - x_j|$$

其中，n 是区位数量，x_i 和 x_j 分别是某产业在 i 区位和 j 区位的产值、就业等经济量的数值。μ 是 x 值的平均值，$\mu = \frac{1}{n} \sum_{i=1}^{n} x_i$。

区位基尼系数的取值范围在 0—1 之间。当所有地区 x 都相等时，取值为 0，当只有一个地区的 x 不等于零，其他地区的 x 都等于零时，取值为 1。因此，基尼系数越小，表示经济活动在地区之间越均衡，基尼系数越大，表示经济活动在地区之间越不均衡，集聚现象越明显。

我们根据表 7-1 的数据来计算我国 1994—2008 年专利创新产出的区位基尼系数。$n = 33$（不计澳门），各年的平均值如表 7-8 所示。

表 7-8　　　　　各年授权专利地区平均值（1994—2008 年）　　　　单位：件

年份	1994	1995	1996	1997	1998	1999	2000	2001
均值	1222	1269	1222	1406	1860	2791	2886	3008

年份	2002	2003	2004	2005	2006	2007	2008	
均值	3397	4533	4586	5201	6784	9140	10679	

通过上万次数据计算后，得到以下隔年的空间基尼系数（见表 7-9），从表格中的数据可以看出，基尼系数有不断增加的趋势。如果按照收入分配基尼系数等于 0.4 为不平均程度的临界点的话，那么从 1994 年起，以专利授权数为代表的各地区创新产出就已呈现出明显的不均衡现象，而到 2008 年，这种创新产出的集中现象更为明显，空间基尼系数已高达 0.65。

表 7-9　　　　　授权专利空间基尼系数（1994—2008 年隔年）

1994 年	1996 年	1998 年	2000 年	2002 年	2004 年	2006 年	2008 年
0.49	0.51	0.54	0.54	0.6	0.6	0.63	0.65

六　人口密度与人均创新产出之间的关系

　　前面分别从创新产出的绝对数、人均数、地均数以及集中率和基尼系数等方面实证分析了创新产出在空间上呈现出不均衡分布，并且这种不均衡分布随时间有越来越加深的趋势，东部沿海地区尤其是经济发达地区创新产出无论是绝对数还是相对数都越来越多，而其他地区则相对数越来越少。从总体观察，创新产出比重较大的地区其人口总数和人口密度也相对较大。那么，是不是人口越密集的地区其创新生产力也越大呢？下面我们用 2008 年的截面数据来考察一下区域人口密度与区域人均产出的相关性如何。

　　根据表 7-1、表 7-2 和表 7-3 中的数据可求出 2008 年对应的各地区人口密度和人均创新产出数据（见表 7-10）。

表 7-10　　　　　各地区人口密度和人均授权专利（2008 年）

单位：人/平方公里、件/10 万人

地区	北京	天津	河北	山西	内蒙古	辽宁	吉林	黑龙江
人口密度	1009	1041	374	219	20	291	146	84
人均产出	105	58	8	7	6	25	11	12
地区	上海	江苏	浙江	安徽	福建	江西	山东	河南
人口密度	2997	748	503	439	297	264	600	565
人均产出	130	58	103	7	22	5	28	10
地区	湖北	湖南	广东	广西	海南	重庆	四川	贵州
人口密度	307	301	531	204	244	345	168	216
人均产出	15	10	65	5	4	17	16	5
地区	云南	西藏	陕西	甘肃	青海	宁夏	新疆	
人口密度	115	2	183	58	8	119	13	
人均产出	4	3	12	4	4	10	7	

图 7-6 是人均专利产出和人口密度的 X—Y 散点图，观察曲线形状，可以初步判断二者之间的相关性。

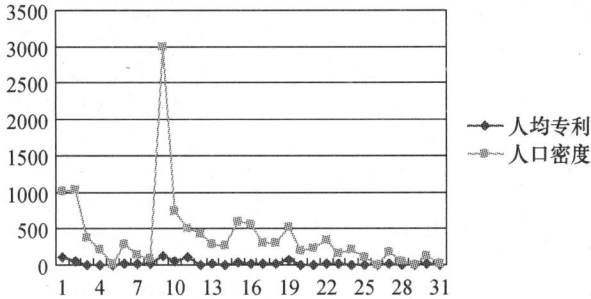

图 7-6　人均专利产出与人口密度的散点图

通过计算，确切地得到人口密度与人均产出之间的相关系数为 $R = 0.81$，可见人口密度与人均专利产出之间相关性很强。建立一个简单的一元线性回归模型，分析它们之间的数量关系。设人口密度为控制变量 x，人均产出为解释变量 y，模型如下：

$$y = \alpha + \beta x + \varepsilon$$

其中，α 和 β 是回归参数，ε 是一个随机变量，反映了除人口密度之外的其他因素对人均专利产出的影响程度和方式。

回归分析结果如下：

SUMMARY OUTPUT

回归统计	
Multiple R	0.805096
R²	0.64818
调整的 R²	0.636048
标准误差	20.25843
观测值	31

方差分析					
	df	SS	MS	F	Significance F
回归分析	1	21927.26	21927.26	53.42849	4.74E-08
残差	29	11901.71	410.4038		
总计	30	33828.97			

	Coefficients	标准误差	t 统计	P – 值
Intercept	5. 36356	4. 525428	1. 185205	0. 245558
X Variable 1	0. 049128	0. 006721	7. 30948	4. 74E – 08

Lower 95%	Upper 95%	下限 95.0%	上限 95.0%
– 3. 891	14. 61	– 3. 891	14. 61
98	91	98	91
0. 035	0. 062	0. 035	0. 062
382	874	382	874

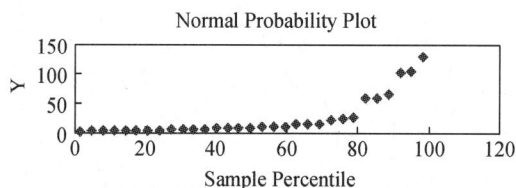

图 7 – 7　回归分析正态分布

从回归分析结果得到，人口密度与人均创新产出的相关系数为 0. 81，F 检验值为 53. 42849，远大于其临界值 4. 17（分子自由度 1，分母自由度 30，$P = 0.05$），统计量显著值 F（Significance F）等于 4. 73677$E – 08$ 远小于 0. 05 的检验标准，因此，回归分析通过 F 检验。

回归分析得出的截距 $\alpha = 5.36356$，斜率 $\beta = 0.049128$，因此，回归方程为：

$$y = 5.36356 + 0.049128x + \varepsilon$$

结论是：地区人口密度与人均创新产出之间显著相关。

七　本章结论

本章的实证研究肯定了本章前面的理论假定：创新活动在空间分布上是趋于集聚状态的。本章的实证研究是从创新产出角度出发的，采用的创新产出代理变量是授权专利数量。通过以下四个方面的空间数量化和可视化分析，结论都证实创新活动在空间上是呈不平衡的集聚模式：一是从各地区授权专利的绝对数的横向比较及纵向变化方面，表现出创新活动集中在东部沿海地区的广东、浙江、北京、上海、江苏、山东等地。二是从各地区人均授权专利产出和地均授权专利产出的角度进行的数量分析也证实了创新集聚的实际表现。三是从专利产出的地区集中率和区位基尼系数的角度也证实了创新活动的集聚性质以及集聚不断加强的趋势。四是从区域人口密度和区域人均创新产出（创新生产率）的相关性角度，得出二者是显著相关的结论。

第八章　中国区域创新增长及其
溢出效应测度

在政府大力推动自主创新的努力下，我国的创新活动自 2000 年以来显著加快，这从专利申请和授权数量的急剧增长上可以体现出来。那么，区域创新增长的影响因素主要是什么？区域间的影响如何？本章应用空间计量经济学中空间自回归模型，并以 2001—2008 年的数据对这些问题进行实证分析。结果表明，熟练劳动力、政府科技投入等自主因素对创新的增长起重要作用。R&D 研发人员的增长对发明专利、实用新型专利和外观设计专利三类专利的增长都产生了显著的积极影响，政府在人均科技方面的投资比例的提高对发明和实用新型专利数量的增长产生了积极的影响。外观设计和全部专利变量显示了很强的区域溢出效应，这表明中国区域的创新活动具有明显的外部性。

一　问题

我国 20 世纪 90 年代的大部分创新活动都与外国企业有关系（林，2004），而 2000 年以来，中国专利数量的快速增长越来越多是源于自主因素的驱动。自主因素内嵌于区域溢出活动。针对发达国家的已有研究表明，通过区域间企业、研究所、大学、研究团队之间的合作联系，知识和思想在区域间相互溢出（Botazzi and Peri，2003）。但对于发展中国家比如中国的创新与区域间溢出的关系还有待深入考察。

本章首先对近年来影响中国专利快速发展的因素进行分析。十年前，中国在美国申请专利的数量不足意大利、瑞士和瑞典的 1/10。但到 2009 年，中国的专利数量已经以 2270 的优势大大超过了意大利的 1837、瑞士的 1454、瑞典的 1231（资料来源：美国专利局）。这样一个数量的增长代表中国在 1999—2009 年间在美国申请的专利增长了 2000%，显现出远高于技术先进毗邻国家和地区如韩国 160%，中国台湾 79% 的增长率。上述专利增长反映了政府在推动汽车、电子、信息通信等战略产业中发展自主创新能力的迫切愿望。但对政府推动创新增长的效果的评估研究还比较缺乏。

　　其次，对区域溢出在中国专利增长中的作用进行了考察。尽管克鲁格曼（1991a，b）和格罗斯曼、赫尔普曼（1991）已经提出，区域集聚和溢出与知识在区域间的有效扩散和转移带来的递增报酬有关，尽管在罗默（1986）和卢卡斯（1988）的著作中马歇尔外部性作为经济增长的源泉已被注意到，但许多关于创新的研究仍然忽视了在知识生产和转移中区域和地理间溢出效应所起的作用（Audretsch and Feldman，2004）。贾菲、特雷杰滕伯格、罗默（Jaffe, Trajtenberg and Romer，2002）主张，在溢出机制上存在一个地理上的构成部分，这就提出了一个问题，知识溢出在多大程度上是区域化的？他们进一步提出，区域间溢出问题需要引起经济学家对地理经济问题的重新重视。

　　根据克鲁格曼的新经济地理理论，创新的溢出主要是在区域间地理效应含义下进行研究，知识反映了相应地区间企业、大学和研究机构之间的合作（Moreni, Paci and Usai，2005）。胡和杰弗逊（2009）的研究关注了专利法对中国创新的影响，他们考察的时间段大致同陈和林的研究一致。1995—2000 年代表了中国试图缩小与发达国家间技术差距的努力。在这一期间，主要是寻求外国投资者的合作研发，技术的升级主要依赖于外国企业的创新活动。然而，到 20 世纪 90 年代后期，中国开始了自主创新的努力。1997 年中国推出了国家基础研究计划（习惯称为"973 计划"），动员中国的科学家们在基础研究方面建立自己的核心知识（中国国家基础研究计划，2002）。1999 年中国政府又做出了"强化技术创新、发展高技术、实现产业化，以巩固内生技术能力"的决定（Kim and Mah，2009）。随着对 1985 年颁布实施的专利法的一系列修订，这些努力逐渐获得了成效，内资企业的专利申请数量迅速增长。

　　本章应用空间自回归模型研究中国的区域创新集聚效应，结合空间权重探讨相互邻近的空间单位的相互作用。本章探讨内生因素像熟练工人和政府对科技的投资对中国专利水平增长的作用，以省为考察单位，以 2001—2008 年为考察时间段。本章第二部分概要地分析影响国家创新水平的因素，第三部分建立一个空间自回归模型，第四部分是对前面提到的影响中国创新的因素即研究与开发支出，熟练劳动力，外国直接投资和政府科技投入的增长趋势和分布的描述性分析，第五部分是回归结果和结论。

二　熟练劳动力、研究发和创新

本章概述了驱动创新的基本因素。过去 20 多年，经济学中最重要的一项进展是在新经济地理的影响下，报酬递增引起了人们的极大关注（Grossman and Helpman，1990，1991）。报酬递增理论与增长模型有关，企业的创新活动带来生产水平的提高。格罗斯曼和赫尔普曼（Grossman and Helpman，1990）指出，创新导致知识存量的积累，并引起进一步的创新。在区域溢出的含义上会发生知识溢出，因为某一个地区企业的知识会带来周边地区企业开发差异化的产品，从而促进内生性增长。

地理外部性的概念可以追溯到马歇尔（1890），并由罗默进一步发展（1994）。相应的实证观察发现，通过区域间的合作行为，相邻区域间通过模仿，知识可以更快更容易地得到扩散和获取。合作行为发生在区域间的企业、大学和研究机构之间，某一个地区的企业可以从相邻地区借鉴思想从事模仿性活动。例如，Botazzi 和 Peri（2003）发现，通过借鉴和利用相邻地区的思想和研究开发资源，一个地区可以创造出新知识。这一发现被进一步确认，Peri（2005）发现，新想法的地理扩散更容易发生在相近的地区。费吉安和寿康（Faggian and McCann，2009）的研究表明，从邻近地区获得的知识是由有熟练技能的高校人才的迁移导致的。

区域间的溢出取决于内嵌在迁移行为中的科学知识的可获得性和转移性。换句话说，因为科学知识和技术是内嵌的，但企业、大学和研究机构集聚在同一个区域内时，它们可以相互激发促进（Faggian and McCann，2006）。来自欧洲的研究表明，一个地区的技术创新活动受它的邻居的技术专业化影响（Moreno，Paci and Usai，2005）。科恩和科来泼（Cohen and Klepper，1992）指出，研究与开发（R&D）如果不是新知识的最重要来源，那肯定是最重要来源之一。研究与开发决定创新，不仅是因为它能创造新信息，而且它还能让企业利用已有信息的吸收能力将新信息内部化（Cohen and Levinthal, 1989）。罗默提出，这是因为研究开发工作带来的溢出提高了公共知识存量。因此，研究与开发支出的增长对创新有重要影响（Griliches, 1990; Audretsch and Feldman, 1996; Botazzi and Peri, 2003）。Dinopoulos 和 Segestrom（1999）指出技能在创新活动中是一个基本条件，因为像科学家和工程师这些拥有熟练技能的工作者才有研究的能力。

在中国，由于产学研在制度上的联系较弱，那么通过熟练工人在区域间的流动以及研究合作可能是形成产学研联系的一种较好途径。我国为加快技能劳动者的数量和质量于 2002 年颁布了科学技术普及法①，之后，像广东、上海、江苏和北京的理工科类大学的招生规模显著增长。在本章用研究与开发人员数来衡量熟练技工，其中由于我国移民政策相对严格，这类人员主要是本国人，所以数据中没有区分本国和外国人。熟练技能是本章研究影响我国内生自主创新两个因素之一。罗默（1994）表明，在非竞争性和非排他性的条件下，政府在研发中的作用是关系重大的。2000年起，中国相当大的一部分研究与开发投入是由政府进行的。研究与开发包含三个领域：基础研究、应用研究和试验研究。2007 年 OECD 发布的关于中国创新的报告指出，通过科学技术专项资金，中国政府在上述三个领域的财政支持是相当高的。这是因为经济中存在着市场失灵的更大趋向以及私人部门研究与开发的激励不足。但是，相比 OECD 国家，我国缺乏支持创新的风险投资，国有银行在资金支持方面起着主要作用，这使得大部分的财政资金是低效率的。政府能够以前所未有的规模动员资源来加快国家科技能力，使之成为国际上一个主要的 R&D 国家。与 R&D 经费相比，政府的科技经费能更好地反映出创新投入的自主能力，因为这里面不含有外国企业的研发经费支出。OECD（2007）报告指出，在过去几年，中国的科技经费显著增加，但政府资金所占的份额看起来在下降。这反映了政府在鼓励私人企业提高研发投入份额的努力。然而，在某些地区政府投入仍是相当可观的，这反映了政府试图在大学和研究机构里加强基础研究的努力。

外国直接投资在发达国家的创新实证研究中不太重要，但 Cheung 和 Lin（2004）以及 Hu 和 Jefferson（2009）的研究发现，外商直接投资对中

---

① 《人民日报》2002 年 7 月 4 日。

国的创新有影响。根据 Cheung 和 Lin（2004）的研究，外商直接投资对中国创新的影响是通过类似反向工程、人才流动和示范效应带来的技术转移实现的。Hu 和 Jefferson（2009）发现，外商对知识产权的保护导致了中国企业的模仿行为，并刺激了中国企业重视专利的申请。Gorodnichenko、Svejnar 和 Merrell（2010）研究了 27 个新兴市场国家，发现外商的竞争和联系带来了这些国家创新的增长。

2000 年以来，中国政府希望减弱对外国企业创新的依赖，加强自主创新能力的培养，因此可以预期随着时间的推移，外商直接投资对中国创新的影响会越来越弱。对跨国公司的监管已经收紧，要求它们有新发现时要首先在中国注册专利。在第十二个国民经济与社会发展规划中强调要坚持自主创新，加快建设国家创新体系，着力提高企业创新能力，促进科技成果向现实生产力转化，推动经济发展更多依靠科技创新驱动。所有这一切都暗示中国近些年来专利的迅速增长可能更多地是来自国内因素的驱动。

三　模型与数据

为了搜寻空间上的知识溢出效应，本章将应用空间自回归模型（SAR）。已有共识认为，如果在创新模型中不考虑潜在的空间溢出效应，将会导致潜在的模型误设（Anselin，Vargas and Acs，1998）。当分析数据来自城镇、都市或省一级时，空间效应问题显得特别重要。最小二乘法估计不考虑空间自相关问题，因而可能会产生错误的结论。本章采用安塞林（Anselin，1988）的空间滞后模型（SLM）：

$$y = \rho Wy + x\beta + \varepsilon \qquad\qquad (8-1)$$

其中，y 是独立被解释变量 $N \times 1$ 阶向量；wy 是滞后的被解释变量的 $N \times 1$ 阶向量；ρ 是空间自回归系数；X 是外生非独立变量 $N \times K$ 阶矩阵；β 是系数 $K \times 1$ 阶向量；ε 是独立误差项 $N \times 1$ 阶向量。

空间滞后模型（8-1）在反映地理溢出效应时特别有用。因为一个显著的正的 ρ 表示独立变量即某个省的创新水平会受到周围省份创新水平的影响。换句话说，这意味着如果某个省份和它周边的省份都有较高的创新水平，则表明通过知识溢出发生着一个区域集聚过程，也说明创新具有高度的区域性。ρ 表征着空间溢出效应大小。该模型用最大似然方法估计（Anselin，1998；Anselin and Bera，1998）。

按照前面提到的文献，创新函数用知识生产函数来表达，本章主要考察我国专利 2000 年以来快速增长的原因，因此，模型中所有变量的值都取 2001—2008 年间的增长率。通过考察专利的增长也可以使我们剔除由于地区大小不同所带来的创新总量的差异。江苏省拥有的专利总水平可能比经济更发达的上海更高，因为江苏省面积更大。所以，我们用人口数对变量进行标准化。Cheung 和 Lin（2004）发现，科技支出和科技人员数有较大的相关性。用 R&D 强度（R&D 开支占 GDP 的比例）来测量 R&D 投资。SAR 模型最后表达为：

$$P_i = \beta_0 + \beta_1 R\&D + \beta_2 SKILL + \beta_3 FDI + \rho WP + \varepsilon_i \qquad (8-2)$$

其中，P 表示每 1 万人国内授权专利数的增长[①]；R&D 表示研究与开发投入强度的增长；$SKILL$ 表示万人 R&D 人员的增长[②]；FDI 表示人均实际外商直接投资的增长；WP 是滞后万人国内授权专利数的增长。

选择 2001—2008 年为考察时间段有两个原因。首先，1985 年实施的专利法在 2000 年做了第二次重要修订并于 2001 年实施后，中国专利数量迅速增长。从中国专利法实施到 2000 年年初，用了 15 年的时间使我国的专利申请总量达到第一个 100 万件。此后，仅仅过了 4 年多的时间，2001 年中国专利申请总量就突破了第二个 100 万件。因此，2001 年是一个合理的开始时间。其次，2008 年第三次修订鼓励了更多的外国直接投资。这次修订将可能对专利的类型产生影响，基于这个原因，本章的分析截至 2008 年。本章数据来自历年《中国统计年鉴》和《中国科技统计年鉴》。空间权重 w 是由一个地理邻接矩阵组成，比如沿海省份福建与广东、浙江、江西三省有共同边界，有的省份则与六个省份有共同边界（湖北、江西、广东、广西、重庆、贵州）。本章主要考察我国大陆地区省级区域，不包括中国香港、中国澳门、中国台湾三地；由于海南作为一个岛省，没有陆地连接省份，本章也不包含对海南的分析；由于西藏的数据不完整，本章也将其排除在外。

---

① 国内专利包括国内资金支持的企业和国外资金支持的企业（合资企业、外商独资企业），不同于 Cheung 和 Lin（2004），本书使用授权专利数而不是申请专利数，因为后者还有很大的不确定性（Pake，1986）。

② R&D 人员是指全时工作当量，比如两个工作半天的 R&D 人员被计为一个全时工作当量。

四　变量及其趋势

　　我国的专利包括三种类型：发明专利、实用新型专利和外观设计专利。在这三种专利类型中，发明专利需要体现出最高的新颖性和创造性，它们被保护的时间也长达 20 年。实用新型和外观设计不需要太高的创造性，但要显示出更高的生产水平，这类创新一般是渐进的，其保护期为 10 年。例如，实用新型是在创新的实践应用的基础上被授以专利权。在某些省份，实用新型专利是三种专利中的主要部分，因为它们能比发明专利得到更快的授权。表 8 - 1 描述了各地区三种专利总量及发明、实用和外观专利的分布和增长率。从表中可以看出，北京在 2001 年和 2008 年专利总量生产力都是最高的，这是因为北京拥有大量的研究机构以及中关村这个技术中心。北京的创新优势在发明专利，它的万人发明专利授权数比其他地区要多。北京的邻居天津并不太落后，2008 年的发明专利生产率紧跟在北京和上海，排在第 3 位。内陆省份湖南、重庆和安徽也有显著的增长，表明在分散化的过程中也有着向心发展的力量。表 8 - 1 还进一步告诉我们沿海地区在实用新型和外观设计方面拥有绝对优势。广东、浙江和江苏三省专利的 90% 都是这类专利，无论是从其高的增长率还是从万人专利数方面都反映出这一点。对此的解释是由于沿海地区市场化历史较长和程度较高，因此许多企业及其研究中心都集聚在这里。沿海地区国内企业在实用新型和外观设计专利方面的大发展推动了中国创新活动水平和步伐。

　　表 8 - 2 报告了 2001 年和 2008 年各地区研究与开发投入强度、研究与开发人员数、外国直接投资，以及科技活动总经费和政府科技经费的增长。和专利一样，上述变量也呈现出很强的地理集聚特征：明显地在沿海地区和京津地区集聚。但是国家正在努力推动的西部大开发计划也带来内陆地区创新活动的显著增长。经济活动的分散化可以从 FDI 的分布体现出来。从表 8 - 2 中可以看到内陆省份都在经历着人均 FDI 的快速增长，像内蒙古（1906%）、重庆（855%）、云南（834%）和山西（817%）。内蒙古的人均 FDI 甚至超过了沿海省份山东省。尽管如此，从总量上看沿海省份的 FDI 仍是内陆地区的 3—5 倍。相似的情形也可以在 R&D 强度和研发人员数量方面得到反映。沿海地区的研发强度比较高，2008 年上海 2.57 位居

表8-1　各省三种专利（2001年和2008年）

省份	所有类型			发明专利			实用新型			外观设计		
	2001年（每万人）	2008年（每万人）	增长（%）	2001年（每万人）	2008年（每万人）	增长（%）	2001年（每万人）	2008年（每万人）	增长（%）	2001年（每万人）	2008年（每万人）	增长（%）
全国	0.70	2.55	262.94	0.04	0.31	694.59	0.37	1.25	240.96	0.29	0.98	233.11
北京	4.52	10.47	131.83	0.68	3.82	458.73	2.60	5.18	98.91	1.23	1.47	19.65
天津	1.82	5.77	216.94	0.10	1.37	1331.80	1.21	3.41	182.42	0.52	0.99	91.47
河北	0.42	0.79	88.75	0.03	0.08	167.12	0.27	0.56	105.42	0.11	0.14	27.89
山西	0.32	0.67	108.80	0.04	0.12	205.22	0.20	0.46	123.54	0.08	0.09	16.98
内蒙古	0.31	0.55	76.00	0.03	0.06	88.84	0.19	0.36	93.80	0.10	0.13	37.85
辽宁	1.06	2.47	133.05	0.08	0.35	325.86	0.83	1.91	131.25	0.15	0.21	37.34
吉林	0.54	1.09	103.54	0.05	0.21	309.40	0.37	0.73	99.74	0.12	0.15	25.75
黑龙江	0.49	1.20	143.70	0.04	0.19	408.48	0.37	0.87	135.49	0.08	0.13	58.34
上海	3.33	12.96	289.44	0.15	2.26	1404.15	1.38	6.34	361.05	1.80	4.36	142.06
江苏	0.84	5.79	591.36	0.03	0.46	1277.40	0.51	2.09	310.83	0.30	3.24	996.35
浙江	1.80	10.34	473.98	0.04	0.64	1592.70	0.77	3.91	407.74	0.99	5.80	482.80
安徽	0.20	0.71	250.76	0.01	0.08	610.40	0.13	0.41	213.68	0.06	0.22	264.12
福建	0.96	2.20	129.85	0.02	0.15	516.93	0.32	1.09	238.08	0.61	0.97	57.92
江西	0.24	0.52	118.56	0.02	0.05	169.35	0.13	0.35	167.79	0.09	0.13	38.72

续表

省份	所有类型			发明专利			实用新型			外观设计		
	2001年（每万人）	2008年（每万人）	增长（%）	2001年（每万人）	2008年（每万人）	增长（%）	2001年（每万人）	2008年（每万人）	增长（%）	2001年（每万人）	2008年（每万人）	增长（%）
山东	0.74	2.83	281.00	0.04	0.20	431.93	0.51	1.99	294.12	0.20	0.64	220.27
河南	0.27	0.97	258.44	0.02	0.07	295.86	0.20	0.56	184.18	0.05	0.33	519.43
湖北	0.37	1.47	297.51	0.03	0.20	547.99	0.25	1.00	296.36	0.08	0.26	208.69
湖南	0.36	0.96	164.08	0.03	0.19	644.87	0.26	0.54	105.93	0.08	0.23	205.24
广东	2.35	6.50	177.04	0.04	0.80	1960.12	0.67	2.63	289.74	1.63	3.08	88.31
广西	0.23	0.46	101.55	0.01	0.04	275.58	0.15	0.30	94.39	0.06	0.12	88.19
重庆	0.39	1.70	339.27	0.01	0.19	1315.48	0.22	0.97	346.19	0.15	0.54	246.13
四川	0.39	1.64	322.81	0.03	0.13	346.90	0.17	0.65	275.78	0.19	0.86	362.82
贵州	0.17	0.46	169.58	0.01	0.07	543.87	0.09	0.31	231.90	0.06	0.07	13.35
云南	0.31	0.44	41.58	0.03	0.08	219.84	0.15	0.23	47.96	0.13	0.13	-1.02
陕西	0.37	1.17	215.49	0.04	0.26	608.83	0.26	0.74	181.34	0.07	0.17	142.60
甘肃	0.20	0.40	100.37	0.02	0.08	269.19	0.14	0.26	89.51	0.04	0.06	47.43
青海	0.19	0.41	113.11	0.03	0.04	44.75	0.11	0.18	62.77	0.05	0.19	254.02
宁夏	0.41	0.98	138.99	0.03	0.08	191.52	0.24	0.43	82.20	0.15	0.47	220.50
新疆	0.40	0.70	74.09	0.05	0.04	-19.79	0.28	0.52	85.51	0.08	0.15	91.46

表8－2　R&D强度水平和增长、R&D研发人员、FDI和政府科技经费（2001—2008年）

省份	R&D研发人员			R&D强度（R&D/GDP）			FDI			科技经费		
	(1) 2001年（每万人）	(2) 2008年（每万人）	(3) 增长率（%）	(4) 2001年	(5) 2008年	(6) 增长率（%）	(7) 2001年（美元/人）	(8) 2008年（美元/人）	(9) 增长率（%）	(10) 全部科技经费的增加（RMB/人）*	(11) 政府科技经费的增加（RMB/人）*	(12) 政府经费比例% (11)／(10)
全国	7.26	15.02	106.83	0.97	1.52	56.70	36.57	91.49	150.17	335.66	62.87	18.73
北京	68.88	111.83	62.36	4.85	5.15	6.23	127.85	295.14	130.85	2457.40	1169.10	47.57
天津	23.80	41.11	72.76	1.24	2.39	92.00	212.50	518.99	144.23	1583.26	168.98	10.67
河北	4.21	6.60	56.76	0.46	0.67	46.14	10.00	40.25	302.52	132.60	21.09	15.91
山西	4.94	12.90	161.23	0.61	0.90	48.40	7.15	65.59	817.46	301.96	16.81	5.57
内蒙古	3.36	7.57	124.88	0.25	0.44	72.45	4.50	90.33	1906.18	184.83	19.07	10.32
辽宁	12.59	17.77	41.18	1.07	1.41	32.03	59.99	229.14	281.94	369.66	75.61	20.45
吉林	6.66	11.61	74.35	0.80	0.82	2.14	12.55	29.89	138.17	184.02	87.86	47.74
黑龙江	8.45	13.26	56.84	0.57	1.04	84.57	8.95	54.84	512.62	168.55	66.62	39.53
上海	32.20	50.39	56.50	1.46	2.57	76.33	265.90	439.34	65.23	893.23	358.67	40.15
江苏	10.72	25.44	137.37	0.97	1.91	96.71	94.02	269.15	186.29	780.36	70.36	9.02
浙江	7.79	31.17	300.31	0.61	1.59	160.24	47.94	161.83	237.55	788.51	62.21	7.89
安徽	3.86	8.06	109.08	0.64	1.11	73.64	5.32	46.79	779.36	226.74	27.76	12.24
福建	7.21	16.45	128.02	0.53	0.94	76.52	113.90	129.45	13.66	363.09	31.92	8.79
江西	3.62	6.42	77.35	0.36	0.97	173.40	9.45	67.37	612.60	140.27	22.18	15.82

续表

省份	R&D 研发人员			R&D 强度 (R&D/GDP)			FDI			科技经费		
	(1) 2001年 (每万人)	(2) 2008年 (每万人)	(3) 增长率 (%)	(4) 2001年	(5) 2008年	(6) 增长率 (%)	(7) 2001年 (美元/人)	(8) 2008年 (美元/人)	(9) 增长率 (%)	(10) 全部科技经费的增加 (RMB/人)*	(11) 政府科技经费的增加 (RMB/人)*	(12) 政府经费比例% (11)/(10)
山东	5.18	17.04	229.06	0.64	1.39	116.18	38.94	71.65	83.98	412.18	31.94	7.75
河南	3.78	7.58	100.48	0.50	0.66	32.34	4.79	35.18	635.09	147.29	13.80	9.37
湖北	7.39	12.74	72.33	0.79	1.31	66.41	19.89	46.74	134.94	226.02	63.46	28.08
湖南	4.35	7.88	81.20	0.60	1.01	67.92	12.28	51.64	320.43	144.12	22.13	15.35
广东	10.16	25.01	146.22	1.29	1.40	8.92	153.31	165.20	7.75	376.82	25.98	6.90
广西	1.99	4.83	142.42	0.36	0.46	27.18	8.02	16.59	106.74	97.75	16.61	16.99
重庆	5.32	12.12	127.69	0.57	1.18	106.03	8.28	79.07	854.73	249.47	29.13	11.68
四川	5.58	10.66	91.13	1.27	1.28	1.07	6.73	31.22	363.52	174.33	56.10	32.18
贵州	2.50	3.02	20.96	0.49	0.57	16.30	0.74	3.23	333.92	73.01	13.03	17.85
云南	2.73	4.35	59.29	0.37	0.54	46.86	1.51	14.07	833.92	83.32	18.60	22.33
陕西	15.65	17.21	9.96	2.81	2.09	-25.77	9.61	29.96	211.61	256.41	133.08	51.90
甘肃	6.71	7.66	14.00	0.78	1.00	27.77	2.89	4.01	38.68	141.14	36.41	25.80
青海	3.83	4.51	17.77	0.39	0.41	3.61	6.98	32.67	368.18	116.22	10.49	9.03
宁夏	5.01	8.34	66.40	0.51	0.68	33.79	2.98	8.25	176.55	123.19	11.79	9.57
新疆	2.43	4.13	70.42	0.22	0.38	74.83	1.08	7.33	576.10	109.12	17.03	15.61

说明：按2000年人民币计。

第一，其次是江苏1.91，并且在2001—2008年期间是呈显著增长趋势。另一方面，四川和陕西的研发强度在2001—2008年期间却呈停滞和下降趋势，分别为1.27—1.28、2.81—2.09。与这两个研发强度在走弱的内陆省份不同，其他内陆省份像湖南、湖北和重庆都在经历着研发强度增长的过程，增长率在66%—106%。因此，关于研发强度在空间上的转换有两个趋势要强调：一是沿海地区研发强度在上升；二是传统创新中心如京津地区继续保持重要地位，同时像湖南、湖北和重庆这样的内陆省份也在成为新的集聚中心。

北京和上海两个城市地区拥有的万人研发人员数在2001年和2008年最高，这是因为这两个地区拥有大量的大学和研究机构，以及对高技术企业的吸引力。像研发活动一样，具备创新研发能力的技术工人、工程师和科学家也都呈现地区集聚现象。第一个集聚区就是由上海、江苏和浙江构成的长三角地区，第二个就是京津地区。由这两个集聚区所构成的空间结构在考察期内相当稳定，然而，一些内陆省份像陕西、湖北和重庆的万人技工数也保持着较高的水平，这可能是从以前的军工企业中继承下来的。

我国政府在科技活动（S&T）经费和人员方面也有统计数据。从统计口径上看，科技活动所包含的范围宽于R&D。它还包括科技管理活动以及为科技活动提供直接服务的活动。科技经费的来源分为三个方面：政府、企业和金融机构。2001年和2008年的总量科技经费和来自政府部分的科技经费是以人均量出现的，在全国平均人均科技经费增加中政府经费占的比例为18.7%。科技经费支出在地区和地区之间显著不同，北京和上海的政府科技经费在2008年合在一起占全国的35%，并且在2001—2008年的人均科技经费和政府经费的增长幅度都是最大的。

两个表都反映了我国在2002年提出西部大开发战略后，政府在全国范围内大力推进创新的努力，然而，它们也明显地反映出无论是专利，还是研究与开发支出、研发人员以及FDI都在地理上呈现集聚状态。

五　回归分析

本章一个主要的目标是检验各种类型的专利在区域之间可能存在的溢出效应。在空间自相关模型中我们依次检验全部专利、发明专利、实用新型和外观设计。

表 8 - 3 是昂软指数的统计检验结果 (Moran, 1950; Cliff and Ord, 1972, 1981)。昂软指数估计了变量在空间的分布状态是集中的、分散的，还是随机的。昂软指数取值在 -1— +1，一个靠近 -1 的值表明经济变量是趋于分散分布的，一个靠近 +1 的值表明经济变量是趋于集聚分布的。表 8 - 3 指出各种类型专利分布的昂软指数在 0.246—0.452，并且在 5% 及以下的水平下显著，这暗示了专利的分布在地理上具有某种程度上的集聚。

表 8 -3 空间自相关和昂软指数

	昂软指数
全部专利	0.452 ***
发明专利	0.246 **
实用新型	0.374 ***
外观设计	0.443 ***

说明: *** 和 ** 分别表示在 1% 和 5% 水平下显著。

本章分别用普通最小二乘法和空间滞后自回归模型检查研发强度、研发人员和 FDI 的增长对专利的影响，结果在表 8 - 4 中。对于全部类型的专利，OLS 结果显示，研发强度和研发人员数量对专利产生显著的正影响，然而 FDI 的影响很小且不显著。比较 OLS，空间自回归模型 (SAR) 的拉格朗日乘子 (LM) 检验在 5% 水平上拒绝零假设[1]，这意味着 SAR 模型更为合适。表 8 - 4 指出对于全部类型的专利而言，在 1% 的极高的显著性水平上 ρ 的估计值为 0.419，由此我们可以得出一个省份的专利增长受它的邻居省份专利增长的积极影响。这表明创新活动的良性循环在区域层面发生和扩散。

已有文献指出，某些类型的知识特别是默示知识，在各种经济活动中的应用是非竞争性的，这种知识可以覆盖相当大的空间范围 (Audretsch and Feldman, 1996)。克鲁格曼 (1991a) 也指出，如果交通费用下降，区域溢出可能很大。我国情况就是这样，这些年来我国在公共基础设施像公路铁路等大量投资，极大地改善了交通状况。特别值得注意的是，在

---

[1] SAR 模型的最大似然比 LR 在 5% 的水平上也拒绝零假设，最大似然比的 p 值在表 4 中。作为替代模型，空间误差模型 (SLM) 在 10% 的水平上没有拒绝零假设。

OLS 回归显著的研发投入强度在 SAR 下消失了，并且研发人员在 SAR 下的回归系数为 0.168 小于 OLS 下的 0.181。因为，SAR 模型反映相邻省份间通过企业、大学和研究机构之间的合作，所以不能够获得研发强度在区域间的溢出效应。

对三种不同类型的专利，也都用 OLS 和 SAR 进行了回归分析。OLS 估计表明研发人员对三种专利都有显著的积极作用，确认了人力资本对我国创新的作用。研发强度对实用新型和外观设计有显著的积极作用，但对发明专利却有着显著性不强的消极作用。进一步的数据分析发现，传统创新中心像北京和广东由于其研发投入的基数较大，这些年只经历了较小的增长，但这些地区仍然产生了相对多的发明专利。在第 4 部分曾经谈到，在内陆省份也出现了创新活动的区域集聚，反映了政府希望将创新由传统地区向其他地区扩散的努力。内陆省份像湖北和江西都经历了研发投入强度的显著增长（见表 8-2），但它们还没有形成与高水平的发明创新相适应的研发基础设施和吸收能力。这些地区缺乏有很强研究能力的大学，也不像传统创新中心那样能吸引大量的有技能的人才。这可能是研发强度对发明专利显示为负面的原因。

有趣的是，OLS 回归指出，FDI 只在发明专利上显示出轻微的积极效应。实用新型专利通常是和实际用途的创新相联系，外观设计大多是为了迎合国内市场。与熟练工程师和研发投入强度相比，FDI 对这两种类型的创新没有影响；相反，内生因素尤其是人力资本显得更为重要。根据 2007 年《中国科技统计年鉴》，2006 年有 98.7% 和 90.2% 的实用新型和外观设计专利授予了内资企业；相反，外资企业获得了 60% 的发明专利授权。这意味着在低创造性要求的创新领域即实用新型和外观设计方面实现了技术追赶。这也解释了为什么 FDI 在这些专利领域里不在扮演重要角色，但在发明领域外资企业仍然占有相当大的技术优势。

SAR 回归指出，实用新型和外观设计专利有积极的区域溢出效应，但发明专利却有较小的区域溢出消极效应。然而，所有三种类型的参数都不显著①。研发人员、研发强度和 FDI 的回归结果都与 OLS 类似，但系数

---

① 作为替代模型，空间误差模型（SLM）对发明专利的 LM 检验在 $p = 0.06$ 的水平上拒绝了零假设。然而在增加了政府经费变量（GOVTFUND）后，在 $p = 0.41$ 的水平上没有拒绝零假设。对于实用新型和外观专利，不论有无政府经费变量，在 10% 的显著性水平上都没有拒绝零假设。

值都更小。

根据表8-4中的结果，我们有必要进一步探究国内或自主因素对我国的创新起到了多大程度上的作用。正如在第二部分中所阐述的，政府在科技活动方面的经费支出反映了想用内部力量建立自主创新体系的努力。所以，我们把政府科技经费支出变量（GOVTFUND）加到回归分析中，该变量反映了2001—2008年科技活动经费中政府支出比重的增长。

表8-4　　　　　　　　OLS 和空间滞后模型（SAR）回归结果

	全部专利		发明专利		实用新型		外观设计	
	OLS	SAR	OLS	SAR	OLS	SAR	OLS	SAR
WP		0.418***		-0.038		0.228		0.318
		(0.154)		(0.178)		(0.179)		(0.198)
SKILL	0.181***	0.168***	0.064***	0.064***	0.071***	0.067***	0.047*	0.043**
	(0.038)	(0.032)	(0.008)	(0.008)	(0.018)	(0.017)	(0.024)	(0.021)
R&D	190.777**	93.760	-34.764*	-34.303*	87.328*	69.172*	138.213**	93.538*
	(91.882)	(79.834)	(19.975)	(18.981)	(43.186)	(40.746)	(58.073)	(52.229)
FDI	0.001	0.001	0.002*	0.003**	0.002	0.001	-0.003	-0.002
	(0.006)	(0.005)	(0.001)	(0.001)	(0.003)	(0.002)	(0.004)	(0.003)
logLikelihood	-48.98	-46.234	-4.728	-4.713	-27.089	-26.501	-35.678	-34.237
p-value of logLikelihood		0.019		0.861		0.278		0.090

说明：样本大小为29，包括4个直辖市。海南省被排除在外，因为它是个岛省，没有空间邻居。西藏因为数据缺乏被排除。***、**、*分别表示在1%、5%和10%水平上显著。

根据表8-5，不论是在 OLS 还是在 SAR 模型下，熟练的研发人员的投入（SKILL）对四种专利都具有显著的积极效应。在 SAR 模型下研发人员的数量这个变量是对所有专利、发明、实用新型、外观设计的增长保持着有解释力的唯一因素。研发强度在 OLS 下也表现出类似的结论，除了对发明专利不在显著之外。在 SAR 模型下，研发强度只对实用新型专利有显著的积极影响，对总体专利和外观设计专利的显著性影响消失了。然而政府在科技活动经费中的占比无论是在 OLS 还是在 SAR 下都对发明专利和实用新型有显著的积极影响。由于超过85%的科技活动经费都投向了主要从事基础科技研究的大学和科研院所，因此政府科技经费变量

（GOVTFUND）的显著性指明了不断增加的自主创新投入的贡献。与此同时，政府在科技活动投入中占比较大的省份其研发强度也都经历了一个较小的增长，比如北京、吉林和陕西。这或许可以解释当 GOVTFUND 变量加进去后，研发强度为何对发明专利不显著了。研发强度在 SAR 下对全部专利和外观设计也不显著的原因，可能是区域溢出效应对这两种专利都有效，而 WY 变量不能直接反映出来的缘故。总体来看，根据 SKILL 和 GOVTFUND 的结果，可以合理地推论，政府推动自主创新的努力是富有成果的。

表 8 - 5　加入政府科技经费的 OLS 和空间滞后模型（SAR）的回归结果

	全部专利		发明专利		实用新型		外观设计	
	OLS	SAR	OLS	SAR	OLS	SAR	OLS	SAR
WP		0.396 ***		0.027		0.204		0.354 *
		(0.159)		(0.174)		(0.185)		(0.190)
SKILL	0.169 ***	0.160 ***	0.057 ***	0.057 ***	0.062 ***	0.059 ***	0.050 *	0.048 **
	(0.039)	(0.033)	(0.007)	(0.007)	(0.018)	(0.016)	(0.025)	(0.022)
R&D	245.427 **	139.159	-6.678	-6.882	125.529 **	107.621 **	126.576 *	65.620
	(102.855)	(88.610)	(19.311)	(18.200)	(46.693)	(43.745)	(66.586)	(57.728)
FDI	0.000	-0.000	0.002 *	0.002 *	0.001	0.001	-0.003	-0.001
	(0.006)	(0.005)	(0.001)	(0.001)	(0.003)	(0.002)	(0.004)	(0.003)
GOVTFUND	2.566	1.893	1.319 ***	1.324 ***	1.794 *	1.713 *	-0.546	-1.077
	(2.226)	(1.825)	(0.418)	(0.383)	(1.010)	(0.905)	(1.441)	(1.216)
loglikelihood	-48.201	-45.712	0.306	0.315	-25.310	-24.798	-35.591	-33.870
p - value of loglikelihood		0.026		0.892		0.316		0.064

说明：样本大小为 29，包括 4 个直辖市。海南省被排除在外，因为它是个岛省，没有空间邻居。西藏因为数据缺乏被排除。***、**、*分别表示在 1%、5% 和 10% 水平上显著。

外商直接投资对发明专利的增长有一些效应，估计系数为 0.002。但对其他专利类型则没有效应。外商直接投资对中国创新增长的贡献在不同专利类型上并不是一致的。发明专利与更独创性的创新相联系，这样的专利知识更被政府看重。因此，中国政府要求企业在申请国外专利之前要先在中国注册专利，以保护它的知识基础①。因为外资企业大多数的专利活动都与发明专利有关（外资企业发明专利占的比重从 20 世纪 90 年代中期的 53% 增加到 2001 年的 60% 多），这解释了为什么 FDI 变量只对发明专利有显著性影响。

全类别专利和外观设计专利的区域溢出效应是显著的，估计的 ρ 值分别为 0.396 和 0.344（在 p = 0.06 情况下）。这再次说明一个省份专利活动的增加受邻居省份类似专利活动的影响，这些与创新相关联的专利活动在地区集聚现象反映了地理上的外部性。发明专利和实用新型专利的区域溢出效应不显著，可能是因为这些活动不容易被模仿和泄露出去，并且受到严格保护，区域间的合作研究行为不被鼓励。

上述结果表明，在所考察的时间段内对全部种类的专利和外观设计专利而言，存在着区域间的溢出效应，这代表着某种地理集聚力量在起作用。区域溢出表明，与创新相关的各类知识易于在空间上传播，这是因为它们要求降低专有权的水平，并且更易于扩散。结果还显示更多的自主因素如技能工作者数量和本国政府在科技活动方面的支出是影响创新活动的一个主要因素。

六　本章结论

中国发生的巨大经济变化被认为是一个"奇迹"，有人把原因归之于依赖于外商带来的技术和创新的进步（Gibov，2004）。2000 年之前，中国的技术进步可能依赖于外商。然而在过去的十年，中国政府鼓励带来创新的自主和国内因素，以减轻对外资企业的技术依赖。向国内驱动创新的自主因素转变来自政府科技政策的引入和不断完善，包括对国内研究与开发投入的利率优惠。政府的目标是极大地提高研究与开发投入的强度，到

---

① 2009 年最新修订的专利法虽然放松了这一要求，但仍然有以下条款："任何单位或者个人将在中国完成的发明或者实用新型向外国申请专利的，应当事先报经国务院专利行政部门进行保密审查。""对违反本条第一款规定向外国申请专利的发明或者实用新型，在中国申请专利的，不授予专利权。"

2020 年达到 GDP 的 2.5%①，同时，政府也努力培养必不可少的人力资源来带来内生创新更多的增长。本章通过考察创新的空间分布，特别研究了这些因素的区域影响。区域溢出是一种重要的机制，通过它可以增加专利的产出，因为它反映了相邻地区间的科研合作和知识联系。积极的地理外部性可以帮助工业化国家的企业充分利用递增报酬来实现可持续的创新，这在中国也不例外。

　　应用空间自回归模型评估了 2001—2008 年中国创新活动的区域溢出效应，结果表明，在全部种类的专利以及外观设计专利上存在区域创新溢出，它们来源于模仿和合作行为。本章也发现每万名研发人员的增长对四种类型的专利增长都产生了影响。另外，研发强度的效应似乎是很有限的。政府科技经费所占的份额对发明和实用新型专利都是显著的和积极的。政府经费的主要目标是支持研究机构的基础研究，因此基础研究类的创新活动得益于政府经费的增长。与此对照的是，FDI 只是对发明专利有轻微的正效应。这表明虽然外资企业对中国的实质创新有促进作用，但这种作用并没有在与产品创新和工艺创新有密切关系的发展更快的实用新型和外观设计专利上被发现。结果表明，本土因素像研发工程师数量和政府科技活动经费投入比重解释了中国 2001—2008 年不断增长的创新活动。

　　总之，加入区域溢出效应是重要的。因为不这样做就会导致谬误的结论。回归结果表明，在 SAR 模型下的参数系数都更小，有一些变量在 OLS 下有显著性效应，但在 SAR 下却消失了。鉴于本章的发现，在未来对内资企业和它的竞争对手外资企业在专利生产上的作用进行对比研究是有用的。但现在还无法实现这样的研究，因为各省还没有公布与此相关的数据。在数据可得的时候，这项研究可使我们确定在多大程度上我国创新已转变为一个本土化的自主过程。

---

　　① 科技部：《国家中长期科技发展规划纲要（2006—2020）》中提出，"使我国全社会研究开发投入占国内生产总值的比例逐年提高，到 2010 年达到 2%，到 2020 年达到 2.5% 以上"。但 2011 年实现的数据为 1.84%，离规划中 2010 年的 2% 还有距离。

附录 1

$$g'_{(\lambda)} = \{[\lambda + D^{-\beta}(1-\lambda)]^{1/\beta} - [D^{-\beta}\lambda + (1-\lambda)]^{1/\beta}\} + \frac{1}{\beta}(1 - D^{-\beta})$$

$$\{\lambda[\lambda + D^{-\beta}(1-\lambda)]^{(1-\beta)/\beta} - (1-\lambda)[\lambda + D^{-\beta}(1-\lambda)]^{(1-\beta)/\beta}\}$$

由于

$$0 < \beta < 1$$

$$D > 1$$

$$1 - D^{-\beta} > 0$$

$$[\lambda + D^{-\beta}(1-\lambda)] - [D^{-\beta}\lambda + (1-\lambda)] = (2\lambda - 1)(1 - D^{-\beta}) \gtreqless 0 \text{ 当且}$$

仅当 $\lambda \gtreqless \frac{1}{2}$ 时

所以有

$$\{[\lambda + D^{-\beta}(1-\lambda)]^{1/\beta} - [D^{-\beta}\lambda + (1-\lambda)]^{1/\beta}\} \gtreqless 0 \text{ 当且仅当 } \lambda \gtreqless \frac{1}{2} \text{ 时}$$

$$\{\lambda[\lambda + D^{-\beta}(1-\lambda)]^{(1-\beta)/\beta} - (1-\lambda)[\lambda + D^{-\beta}(1-\lambda)]^{(1-\beta)/\beta}\} \gtreqless 0 \text{ 当}$$

且仅当 $\lambda \gtreqless \frac{1}{2}$ 时

综合起来可知，$g'_{(\lambda)} \gtreqless 0$ 当且仅当 $\lambda \gtreqless \frac{1}{2}$ 时

$$g''_{(\lambda)} = \frac{2}{\beta}(1 - D^{-\beta})[\lambda + D^{-\beta}(1-\lambda)]^{\frac{1}{\beta}-1} + \frac{2}{\beta}(1 - D^{-\beta})[D^{-\beta}\lambda + (1-\lambda)]^{\frac{1}{\beta}-1} + \frac{1}{\beta}(\frac{1}{\beta}-1)\lambda(1 - D^{-\beta})[\lambda + D^{-\beta}(1-\lambda)]^{\frac{1}{\beta}-2} + \frac{1}{\beta}(\frac{1}{\beta}-1)(1-\lambda)(1-D^{-\beta})[D^{-\beta}\lambda + (1-\lambda)]^{\frac{1}{\beta}-2}$$

上式等号右边的每一项都大于零，对于任何 $\lambda \in [0, 1]$

所以存在 $g''_{(\lambda)} > 0$，$\lambda \in [0, 1]$

附录 2

$$\frac{d(\omega_2/\omega_1)}{dT} = \frac{\mu\rho}{\sigma-1}(1-\sigma-\mu)T^{-\sigma-\mu} + \frac{\sigma-1-\mu\rho}{2(\sigma-1)}(1-\sigma-\mu)T^{-\sigma-\mu} +$$

$$\frac{\sigma-1-\mu\rho}{2(\sigma-1)}(1-\sigma-\mu)T^{-\sigma-\mu-2}$$

将 $T=1$ 代入上式，得到

$$\frac{d(\omega_2/\omega_1)}{dT} = \frac{\mu\rho}{\sigma-1}(1-\sigma-\mu) + \frac{\sigma-1-\mu\rho}{2(\sigma-1)}(1-\sigma-\mu+\sigma-1-\mu)$$

$$= \frac{\mu\rho}{\sigma-1}(1-\sigma-\mu) - \frac{2\mu(\sigma-1-\mu\rho)}{2(\sigma-1)}$$

$$= \frac{\mu(\rho-\rho\sigma-\sigma+1)}{\sigma-1}$$

$$= \frac{\mu[(\rho+1)-\sigma(\rho+1)]}{\sigma-1}$$

$$= \frac{\mu(\rho+1)(1-\sigma)}{\sigma-1}$$

$$= -\mu(\rho+1) < 0$$

附录 3

$$\frac{d(\omega_2/\omega_1)}{d\lambda} = \frac{\mu}{\sigma-1}\left[\frac{1-\lambda+\phi\lambda}{\lambda+\phi(1-\lambda)}\right]^{\frac{\mu}{\sigma-1}-1}$$

$$\times\frac{(-1+\phi)[\lambda+\phi(1-\lambda)]-(1-\phi)(1-\lambda+\phi\lambda)}{[\lambda+\phi(1-\lambda)]^2}$$

$$\times\frac{2\phi(\sigma-1)(1-\lambda)+[(\sigma-\mu\rho-1)+\phi^2(\sigma+\mu\rho-1)]\lambda}{2\phi(\sigma-1)\lambda+[(\sigma-\mu\rho-1)+\phi^2(\sigma+\mu\rho-1)](1-\lambda)}$$

$$+\frac{(1-\lambda)+\phi\lambda^{\frac{\mu}{\sigma-1}}}{\lambda+\phi(1-\lambda)}\times$$

$$\left\{\frac{-2\phi(\sigma-1)+[(\sigma-\mu\rho-1)+\phi^2(\sigma+\mu\rho-1)]}{2\phi(\sigma-1)\lambda+[(\sigma-\mu\rho-1)+\phi^2(\sigma+\mu\rho-1)](1-\lambda)}\right.$$

$$-\frac{2\phi(\sigma-1)-[(\sigma-\mu\rho-1)+\phi^2(\sigma+\mu\rho-1)]}{2\phi(\sigma-1)\lambda+[(\sigma-\mu\rho-1)+\phi^2(\sigma+\mu\rho-1)](1-\lambda)}$$

$$\left.\times\frac{2\phi(\sigma-1)(1-\lambda)+[(\sigma-\mu\rho-1)+\phi^2(\sigma+\mu\rho-1)]\lambda}{2\phi(\sigma-1)\lambda+[(\sigma-\mu\rho-1)+\phi^2(\sigma+\mu\rho-1)](1-\lambda)}\right\}$$

将 $\lambda=1/2$ 代入上式,可得:

$$\frac{d(\omega_2/\omega_1)}{d\lambda}=\frac{\mu}{\sigma-1}\left[\frac{\frac{1}{2}+\frac{1}{2}\phi}{\frac{1}{2}+\frac{1}{2}\phi}\right]^{\frac{\mu}{\sigma-1}-1}$$

$$\times\frac{(-1+\phi)\left[\frac{1}{2}+\phi\frac{1}{2}\right]-(1-\phi)\frac{1}{2}+\phi\frac{1}{2}}{\left[\frac{1}{2}+\phi\frac{1}{2}\right]}$$

$$\times\frac{2\phi(\sigma-1)\frac{1}{2}+[(\sigma-\mu\rho-1)+\phi^2(\sigma+\mu\rho-1)]\frac{1}{2}}{2\phi(\sigma-1)\frac{1}{2}+[(\sigma-\mu\rho-1)+\phi^2(\sigma+\mu\rho-1)]\frac{1}{2}}$$

$$\frac{\frac{1}{2}+\phi\frac{1}{2}^{\frac{\mu}{\sigma-1}}}{\frac{1}{2}+\phi\frac{1}{2}} \times \left\{\frac{-2\phi(\sigma-1)+[(\sigma-\mu\rho-1)+\phi^2(\sigma+\mu\rho-1)]}{2\phi(\sigma-1)\frac{1}{2}+[(\sigma-\mu\rho-1)+\phi^2(\sigma+\mu\rho-1)]\frac{1}{2}}\right\}$$

$$-\frac{2\phi(\sigma-1)-[(\sigma-\mu\rho-1)+\phi^2(\sigma+\mu\rho-1)]}{2\phi(\sigma-1)\lambda+[(\sigma-\mu\rho-1)+\phi^2(\sigma+\mu\rho-1)](1-\lambda)}$$

$$\times\frac{2\phi(\sigma-1)\frac{1}{2}+[(\sigma-\mu\rho-1)+\phi^2(\sigma+\mu\rho-1)]\frac{1}{2}}{2\phi(\sigma-1)\frac{1}{2}+[(\sigma-\mu\rho-1)+\phi^2(\sigma+\mu\rho-1)]\frac{1}{2}}$$

$$=\frac{\mu}{\sigma-1}\times\frac{4(\phi-1)}{\phi+1}+$$

$$\left\{\frac{[-2\phi(\sigma-1)+(\sigma-\mu\rho-1)+\phi^2(\sigma+\mu\rho-1)]}{\phi(\sigma-1)+\frac{1}{2}[(\sigma-\mu\rho-1)+\phi^2(\sigma+\mu\rho-1)]}-\frac{[2\phi(\sigma-1)+(\sigma-\mu\rho-1)+\phi^2(\sigma+\mu\rho-1)]}{\phi(\sigma-1)+\frac{1}{2}[(\sigma-\mu\rho-1)+\phi^2(\sigma+\mu\rho-1)]}\right\}$$

$$=\frac{\mu}{\sigma-1}\times\frac{4(\phi-1)}{\phi+1}+$$

$$\frac{-4(\phi-1)+2(\sigma-\mu\rho-1)+2\phi^2(\sigma+\mu\rho-1)}{\phi(\sigma-1)+\frac{1}{2}[(\sigma-\mu\rho-1)+\phi^2(\sigma+\mu\rho-1)]}$$

$$=\frac{4\mu(\phi-1)}{(\sigma-1)(\phi+1)}+$$

$$\frac{4-2\phi(\sigma-1)+(\sigma-\mu\rho-1)+2\phi^2(\sigma+\mu\rho-1)}{2\phi(\sigma-1)+(\sigma-\mu\rho-1)+\phi^2(\sigma+\mu\rho-1)}$$

$$=\frac{4\mu(\phi-1)[2\phi(\sigma-1)+(\sigma-\mu\rho-1)+2\phi^2(\sigma+\mu\rho-1)]}{(\sigma-1)(\phi+1)[2\phi(\sigma-1)+(\sigma-\mu\rho-1)+\phi^2(\sigma+\mu\rho-1)]}$$

$$+\frac{4(\sigma-1)(\phi+1)(\phi-1)[(\sigma+\mu\rho-1)\phi-(\sigma-\mu\rho-1)]}{(\sigma-1)(\phi+1)[2\phi(\sigma-1)+(\sigma-\mu\rho-1)+\phi^2(\sigma+\mu\rho-1)]}$$

$$=\frac{4(\phi-1)[2\mu\phi(\sigma-1)+\mu(\sigma-\mu\rho-1)+\mu\phi^2(\sigma+\mu\rho-1)]}{(\sigma-1)(\phi+1)[2\phi(\sigma-1)+(\sigma-\mu\rho-1)+\phi^2(\sigma+\mu\rho-1)]}$$

$$+\frac{4(\phi-1)(\sigma-1)[2\phi^2(\sigma+\mu\rho-1)+(\sigma+\mu\rho-1)\phi-(\sigma-\mu\rho-1)\phi-(\sigma-\mu\rho-1)]}{(\sigma-1)(\phi+1)[2\phi(\sigma-1)+(\sigma-\mu\rho-1)+\phi^2(\sigma+\mu\rho-1)]}$$

$$=\frac{4(\phi-1)[\mu\phi^2(\sigma+\mu\rho-1)+(\sigma-1)\phi^2-(\sigma+\mu\rho-1)]}{(\sigma-1)(\phi+1)[2\phi(\sigma-1)+(\sigma-\mu\rho-1)+\phi^2(\sigma+\mu\rho-1)]}$$

$$+\frac{4(\phi-1)[2\mu\phi^2(\sigma-1)+(\sigma+1)(\sigma+\mu\rho-1)\phi+(\sigma-1)(\sigma-\mu\rho-1)\phi]}{(\sigma-1)(\phi+1)[2\phi(\sigma-1)+(\sigma-\mu\rho-1)+\phi^2(\sigma+\mu\rho-1)]}$$

$$+\frac{4(\phi-1)[\mu(\sigma-\mu\rho-1)-(\sigma-1)(\sigma-\mu\rho-1)]}{(\sigma-1)(\phi+1)[2\phi(\sigma-1)+(\sigma-\mu\rho-1)+\phi^2(\sigma+\mu\rho-1)]}$$

$$=\frac{4(\phi-1)[(\sigma-1+\mu)(\sigma+\mu\rho-1)\phi^2-(\sigma-1-\mu)(\sigma-\mu\rho-1)]}{(\sigma-1)(\phi+1)[2\phi(\sigma-1)+(\sigma-\mu\rho-1)+\phi^2(\sigma+\mu\rho-1)]}$$

$$+\frac{4(\phi-1)[2\mu\sigma-2\mu+\sigma^2+\sigma\mu\rho-\sigma-\sigma-\mu\rho+1-\sigma^3+\sigma\mu\rho+\sigma+\sigma-\mu\rho-1)\phi]}{(\sigma-1)(\phi+1)[2\phi(\sigma-1)+(\sigma-\mu\rho-1)+\phi^2(\sigma+\mu\rho-1)]}$$

$$=\frac{4(\phi-1)[(\sigma-1+\mu)(\sigma+\mu\rho-1)\phi^2+(2\mu\sigma-2\mu+\sigma^2+\sigma\mu\rho-2\mu\rho)\phi-(\sigma-1-\mu)(\sigma-\mu\rho-1)]}{(\sigma-1)(\phi+1)[2\phi(\sigma-1)+\phi^2(\sigma+\mu\rho-1)]}$$

$$=\frac{4(\phi-1)(\phi+1)[(\sigma-1+\mu)(\sigma+\mu\rho-1)\phi+(\sigma-1-\mu)(\sigma-\mu\rho-1)]}{(\sigma-1)(\phi+1)[2\phi(\sigma-1)+\phi^2(\sigma+\mu\rho-1)]}$$

$$=\frac{4(\phi-1)[(\sigma-1+\mu)(\sigma+\mu\rho-1)\phi+(\sigma-1-\mu)(\sigma-\mu\rho-1)]}{(\phi+1)[2\phi(\sigma-1)+(\sigma-\mu\rho-1)+\phi^2(\sigma+\mu\rho-1)]}$$

参考文献

阿林·杨格：《报酬递增与经济进步》，贾根良译，《经济社会体制比较》1996 年第 2 期。

白南生：《中国的城市化》，《管理世界》2003 年第 11 期。

薄一波：《若干重大决策与事件的回顾》，中共中央党校出版社 1993 年版。

蔡昉：《城市化与农民工的贡献——后危机时期中国经济增长潜力的思考》，《中国人口科学》2010 年第 1 期。

陈继祥、王敏：《破坏性创新理论最新研究综述》，《科技进步与对策》2009 年第 6 期。

陈可文、陈湘舸：《论城市化不是唯一的道路》，《求索》1982 年第 5 期。

陈明星、陆大道、张华：《中国城市化水平的综合测度及其动力因子分析》，《地理学报》2009 年第 4 期。

陈彦光、罗静：《城市化水平与城市化速度的关系探讨——中国城市化速度和城市化水平饱和值的初步推断》，《地理研究》2006 年第 6 期。

仇保兴：《中国特色的城镇化模式之辨——"C 模式"：超越"A 模式"的诱惑和"B 模式"的泥淖》，《城市发展研究》2009 年第 1 期。

范丽娜：《中国内地专利的空间分布及其影响因素分析》，《北京师范大学学报》（社会科学版）2005 年第 2 期。

方向新：《我国城镇化道路的抉择与城镇体系的建立和完善》，《人口学刊》1989 年第 6 期。

费孝通：《小城镇，大问题》，《瞭望》1984 年第 2—5 期。

冯云廷：《两种城市化模式的对接与融合》，《中国软科学》2005 年第 6 期。

管岭：《毛泽东城市化思想初探》，《毛泽东思想研究》2008 年第

3 期。

　　郭力、陈浩：《我国城市化动力机制的阶段差异》，《城市问题》2013年第 1 期。

　　郭元阳：《改革开放前新中国小城镇战略的历史沿革》，《大庆示范学院学报》2007 年第 1 期。

　　国家统计局城市社会经济调查总队：《新中国城市 50 年》，新华出版社 1999 年版。

　　胡兆量：《大城市的超前发展及其对策》，《北京大学学报》1986 年第 5 期。

　　贾根良：《报酬递增经济学：回顾与展望》（一），《南开经济研究》1998 年第 6 期。

　　贾根良：《报酬递增经济学：回顾与展望》（二），《南开经济研究》1999 年第 1 期。

　　景普秋、张复明：《工业化与城市化关系研究综述与评价》，《中国人口资源与环境》2003 年第 3 期。

　　李金昌、程开明：《中国城市化与经济增长的动态计量分析》，《财经研究》2006 年第 9 期。

　　李金来：《我国城市应走优先发展中等城市的道路》，《城市问题》1990 年第 2 期。

　　李迎生：《关于现阶段我国城市化模式的探讨》，《社会学研究》1988年第 2 期。

　　李志刚等：《我国创新产出的空间分布特征研究——基于省际专利统计数据的空间计量分析》，《科学学与科学技术管理》2006 年第 8 期。

　　林光平等：《中国地区经济一收敛的空间计量实证分析》，《数量经济技术经济研究》2006 年第 4 期。

　　刘鹤等：《中国经济增长的可持续性》，《管理世界》1999 年第 1 期。

　　刘兰剑、司春林：《创新网络 17 年研究文献述评》，《研究与发展管理》2009 年第 21 卷第 4 期。

　　刘霞辉：《从马尔萨斯到索洛：工业革命理论综述》，《经济研究》2006 年第 10 期。

　　柳随年：《关于推进城镇化进程若干问题的思考》，《管理世界》2001年第 6 期。

罗发友：《中国创新产出的空间分布特征与成因》，《湖南科技大学学报》2004 年第 6 期。

马歇尔：《经济学原理》上卷，朱志泰译，商务印书馆 1964 年版。

毛泽东：《毛泽东文集》第八卷，人民出版社 1999 年版。

毛泽东：《毛泽东选集》第三、四卷，人民出版社 1991 年版。

秦尊文：《小城镇偏好探微——兼答陈美球同志之商榷》，《中国农村经济》2004 年第 7 期。

饶会林、丛屹：《再谈城市规模效益问题》，《财经问题研究》1999 年第 10 期。

饶会林：《试论城市规模效益》，《城市》1989 年第 4 期。

任志安、王立平：《知识生产函数研究的演进与发展》，《经济理论与经济管理》2006 年第 6 期。

申小蓉：《邓小平城市化建设思想探析》，《毛泽东思想研究》2006 年第 3 期。

沈建法：《1982 年以来中国省级区域城市化水平趋势》，《地理学报》2005 年第 4 期。

沈坤荣、蒋锐：《中国城市化对经济增长影响机制的实证研究》，《统计研究》2007 年第 6 期。

盛广耀：《城市化模式研究综述》，《城市发展研究》2011 年第 7 期。

苏方林：《中国省域 R&D 活动的探索性空间数据分析》，《广西师范大学学报》（哲学社会科学版）2008 年第 6 期。

唐根年、徐维祥：《中国高技术产业成长的时空演变特征及其空间布局研究》，《经济地理》2004 年第 5 期。

藤田昌久、保罗·克鲁格曼、安东尼·J. 维纳布尔斯：《空间经济学》，梁琦主译，中国人民大学出版社 2005 年版。

藤田昌久、雅克弗朗克斯·蒂斯：《集聚经济学》，刘峰等译，西南财经大学出版社 2004 年版。

汪巽人：《论我国的非城市化道路》，《求索》1983 年第 5 期。

王缉慈：《创新的空间——企业集群与区域发展》，北京大学出版社 2001 年版。

王琼：《改革开放以来我国城市化道路选择的若干观点述评》，《上海经济研究》2002 年第 9 期。

王小鲁、樊纲主编：《中国经济增长的可持续性——跨世纪的回顾与展望》，经济科学出版社 2000 年版。

王颖：《城市发展研究的回顾与前瞻》，《社会学研究》2000 年第 1 期。

王远征：《中国城市化道路的选择和障碍》，《战略与管理》2001 年第 1 期。

温铁军、温厉：《中国的"城镇化"与发展中国家城市化的教训》，《中国软科学》2007 年第 7 期。

吴靖：《中国城市化动力机制探析》，《经济学家》2007 年第 5 期。

吴延兵：《R&D 存量、知识函数与生产效率》第 5 卷，《经济学》（季刊）2006 年第 4 期。

吴延兵：《企业规模、市场力量与创新：一个文献综述》，《经济研究》2007 年第 5 期。

吴玉鸣、何建坤：《研发溢出，区域创新集群的空间计量经济分析》，《管理科学学报》2008 年第 4 期。

吴玉鸣：《空间计量经济模型在省域研发与创新中的应用研究》，《数量经济技术经济研究》2006 年第 5 期。

吴玉鸣：《中国省域经济增长趋同的空间计量经济分析》，《数量经济技术经济研究》2006 年第 12 期。

西奥多·W. 舒尔茨：《报酬递增的源泉》，姚志勇等译，北京大学出版社 2001 年版。

项本武、张鸿武：《城市化与经济增长的长期均衡与短期动态关系——基于省际面板数据的经验证据》，《华中师范大学学报》（人文社会科学版）2013 年第 2 期。

熊彼特：《经济发展理论》，商务印书馆 1990 年版。

许抄军、罗能生、王家清：《我国城市化动力机制研究进展》，《城市问题》2007 年第 8 期。

薛凤旋：《中国城市与城市发展理论的历史》，《地理学报》2002 年第 6 期。

亚当·斯密：《国民财富的性质与原因的研究》，商务印书馆 1972 年版。

杨开忠：《中国城市化驱动经济增长的机制与概念模型》，《城市问题》2001 年第 3 期。

杨小凯、黄有光：《专业化与经济组织：一种新兴古典微观经济学框架》，张玉纲译，经济科学出版社 2006 年版。

杨重光、廖康玉：《试论具有中国特色的城市化道路》，《经济研究》1984 年第 8 期。

殷德生：《新增长理论中的报酬递增与市场结构》，《经济评论》2006 年第 1 期。

俞万源：《城市化动力机制：一个基于文化动力的研究》，《地理科学》2012 年第 11 期。

张鸿雁：《中国城市化理论的反思与重构》，《城市问题》2010 年第 12 期。

张继宏：《集成创新与知识产权——一个文献综述》，《学术论丛》2009 年第 9 期。

张平、刘霞辉执笔（经济增长与宏观稳定课题组）：《干中学、低成本竞争机制和增长路径转变》，《经济研究》2006 年第 4 期。

张平、张晓晶执笔（中国经济增长前沿课题组）：《经济增长、结构调整的累积效应与资本形成》，《经济研究》2003 年第 8 期。

张玉明、李凯：《中国创新产出的空间分布及空间相关性研究》，《中国软科学》2007 年第 11 期。

张正河、谭向勇：《小城镇难当城市化主角》，《中国软科学》1998 年第 8 期。

张治河等：《产业创新的理论综述与发展趋势》，《技术经济》2008 年第 27 卷第 1 期。

章元、刘修岩：《聚集经济与经济增长：来自中国的经验证据》，《世界经济》2008 年第 3 期。

赵新平、周一星：《改革以来中国城市化道路及城市化理论研究述评》，《中国社会科学》2002 年第 2 期。

赵志君：《中国经济增长可持续性、运行风险与宏观调控》，中国社会科学出版社 2009 年版。

中共中央马恩列斯著作编译局编译：《列宁全集》第 4 卷，人民出版社 1984 年版。

中共中央文献研究室编：《建国以来重要文献选编》第三册，中央文献出版社 1995 年版。

中共中央文献研究室编：《建国以来重要文献选编》第十一册，中央文献出版社 1995 年版。

中共中央文献研究室编：《建国以来重要文献选编》第 5 册，中央文献出版社 1993 年版。

中国经济增长与宏观稳定课题组、陈昌兵、张平、刘霞辉、张自然：《城市化、产业效率与经济增长》，《经济研究》2009 年第 10 期。

中国经济增长与宏观稳定课题组、张平、刘霞辉、张晓晶、陈昌兵：《中国可持续增长的机制：证据、理论和政策》，《经济研究》2008 年第 10 期。

中国经济增长与宏观稳定课题组：《城市化、产业效率与经济增长》，《经济研究》2009 年第 10 期。

中国社会科学院社会学研究所编：《中国社会学年鉴（1979—1989）》，中国大百科全书出版社 1989 年版。

周恩来：《当前财经形势和新中国经济的几种关系》，中共中央文献研究室编，《建国以来重要文献选编》第 1 册，中央文献出版社 1992 年版。

周一星：《论中国城市发展的规模政策》，《管理世界》1992 年第 6 期。

邹远修：《中国小城镇的曲折发展及其原因》，《山东师范大学学报》2003 年第 3 期。

罗宾斯：《论经济科学的性质和意义》，朱泱译，商务印书馆 2000 年版。

Acs, Z. J. and Audretsch, D. B. (1988) Innovation in Large and Small Firms: An EmpiricalAnalysis, *The American Economic Review*, Vol. 78: 678 –690.

Acs, Z. J. , Audretsch, D. B. and M. P. Feldman (1991) Real Effects of Academic Research –Comment, *The American Economic Review*, Vol. 81: 363 –367.

Acs, Z. J. , Fitz Roy, F. R. and Smith, I. (1999) Hich Technology Employment, Wages andUniversity R&D Spillovers: Evidence from US Cities, *Economics of Innovationand New Technology*, Vol. 8: 57 –78.

Aghion, Philippe and Peter Howitt (1992) A Model of Growth through Creative Destruction, *Econometrica*, 60 (2): 323 –351.

Akerlof, G. A (1997) Social Distance and Social Decisions, *Econometrica: Journal of the Econometric Society*, pp. 1005 – 1027.

Andersson, R. (2005) Agglomeration and the Spatial Distribution of Creativity, Cesiselectronic Working Paper Series, Paper No. 42.

Anselin, L. (1988) Spatial Econometrics: Methods and Models. Dordrecht: Kluwer.

Anselin, L. (1995) "Local Indicators of Spatial Association? Lisa, *Geographical Analysis*, 27 (2): 93 – 115.

Anselin, L. (2010) Thirty Years of Spatial Econometrics, *Papers in Regional Science*, 89 (1), 3 – 25.

Anselin, L. and A. Bera (1998) Spatial dependence in linear regression models with an introduction to spatial econometrics, In A. Ullah and D. Giles (eds.), *Handbook of Applied Economic Statistics*, pp. 237 – 289. New York: MarcelDekker.

Anselin, L., Varga, A. and Acs, Z. J. (1997) Local Geographic Spillovers between UniversityResearch and High Technology Innovations, *Journal of Urban Economics*, Vol. 24: 422 – 448.

Anselin, L., Vargas, A. and Zoltan, A. (1998) Local geographic spillovers between university research and high technology innovations. *Journal of Urban Economics*, 42, 422 – 448.

Anselin, L., A. Varga and Z. Acs (1997), Local Geographic Spillovers between University Research and High Technology Innovations, *Journal of Urban Economics*, 42 (3), pp. 422 – 448.

Anselin, L., J. L. Gallo and H. Jayet (2008) "Spatial Panel Econometrics, *The Econometrics of Panel Data*, pp. 625 – 660.

Anselin, Luc, 1988, Spatial Econometrics: Methods and Models, Kluwer.

Arrow, K. J. (1962) The Economic Implications of Learning by Doing, *Review of Economic Studies*, Vol. 29: 155 – 173.

Arthur, W. B. (1989) Competing Technologies, Increasing Returns, and Lock in by Historical Events, *Economic Journal*, Vol. 99: 116 – 131.

Arthur, W. B. (February 1990) Positive Feedbacks in the Economy,

Scientific American, 262 (2): 92 – 99.

Audretsch, D. B. (1998) Agglomeration and the Location of Innovative Activity, *Oxford Review of Economic Policy*, Vol. 14: 18 – 29.

Audretsch, D. B. and M. P. Feldman (1996) R&D Spillovers and the Geography of Innovationand Production, *The American Economic Review*, Vol. 86: 630 – 640.

Audretsch, D. B. and Feldman, M. P. (2004) Knowledge spillovers and the geography of innovation, In V. Henderson and J. F. Thisse (eds.), *Handbook of Regional and Urban Economics: Cities and Geography*, Volume 4 (2713 – 2779), Amsterdam: Elsevier Science.

Audretsch, D. B. and Feldman, M. P. (1996) R&D Spillovers and the Geography of Innovation and Production, *The American Economic Review*, 86 (3), 630 – 640.

Bartels, C. P. A. and R. H. Ketellapper, 1979, Exploratory and Explanatory Statistical Analysis of Spatial Data, Springer.

Becker, Gary S. (1964) Human Capital, *Columbia University Press for the National Bureau of Economic Research*, New York.

Black, D. and Henderson, V. (1999) A Theory of Urban Growth, *Journal of Political Economy*, Vol. 107: 252 – 284.

Botazzi, L. and Peri, G. (2003) Innovation and spillovers in regions: Evidence from European patent data, *European Economic Review* 47 (4): 687 – 710.

Bottazzi, L. and Peri, G. (2003) Innovation and Spillovers in Regions: Evidence fromEuropean Patent Data, *European Economic Review*, Vol. 47: 687 – 710.

Breschi, S. and Lissoni, F. (2001) Knowledge Spillovers and Local Innovation Systems: A Critical Survey, *Industrial and Corporate Change*, Vol. 10: 975 – 1005.

Brouwer, E. , Nadvornikova, H. B. and A. Kleinknecht (1999) Are Urban Agglomerationsa Better Breeding Place for Product Innovations? *Regional Studies*, Vol. 33: 541 – 549.

Case, A. C. (1991) Spatial Patterns in Household Demand, *Economet-*

rica: *Journal of the Econometric Society*, pp. 953 – 965.

Cass, D. (1965) Optimal Growth in an Aggregative Model of Capital Accumulation, *Review of Economic Studies*, 32: 233 – 240.

Cheung, K. and Lin, P. (2004) Spillover effects of FDI on innovation in China: Evidence from provincial data, *China Economic Review*, 15: 25 – 44.

Chipman, J. S. (1970) External Economies of Scale and Competitive Equilibrium, *Quarterly Journal of Economics*, 84 (3): 347 – 385.

Ciccone, A. and Hall, R. E. (1996) Productivity and the Density of Economic Activity, *TheAmerican Economic Review*, 86 (1): 54 – 70.

Cliff, A. D. and J. K. Ord, 1973, Spatial Autocorrelation, London: Pion.

Cliff, A. D. and J. K. Ord, 1981, Spatial Processes : Models & Applications. London: Pion.

Cliff, A. , Ord, J. (1972) Testing for spatial autocorrelation among regression residuals.

Cliff, A. , Ord, J. (1981) Spatial processes, models and applications. Pion, London.

Cohen, W. M. and Klepper, S. (1992) The anatomy of R&D intensity distributions, *The American Economic Review*, 82: 773 – 99.

Cohen, W. M. and Levinthal, D. A. (1989) Innovation and Learning: The Two Faces of Innovation. *The Economic Journal*, 99, 569 – 596.

Conley, T. G. (1996) "Econometric Modeling of Cross – Sectional Dependence, Department of Economics, Chicago, IL. : University of Chicago.

Conley, T. G. and G. Topa (2002) Socio?? Economic Distance and Spatial Patterns in Unemployment, *Journal of Applied Econometrics*, 17 (4): 303 – 327.

Correa, P. G. , Fernandes, A. M. and Uregian C. J. (2010) Technology adoption and the investment climate: firm level evidence for Eastern Europe and Central Asia, *World Bank Economic Review*, 24 (1): 121 – 147.

Davis, D. (2002) Book Review, *Journal of International Economics*, 57 : 247 – 251.

Dinopoulos, E. and Segerstrom, P. (1999) A Schumpertarian model of protection and relative wages, *The American Economic Review*, 89: 450 – 472.

Dixit, A. K. and Stiglitz, J. E. (1977) Monopolistic Competition and Optimum Product Diversity, A. E. R. , Vol. 67, No. 3: 297 – 308.

Ethier, W. J. (1982) National and international returns to scale in the modern theory of international trade, *American Economic Review* 72: 389 – 405.

Faggian, A. and McCann, P. (2009) Human capital, graduate migration and innovation in British regions, *Cambridge Journal of Economics*, 33 (2), 317 – 333.

Faggian, A. and McCann, P. (2006) Human capital flows and regional knowledge assets: Asimultaneous equation approach, *Oxford Economic Papers*, 58 (3): 475 – 500.

Feldman, M. P. and Audretsch, D. B. (1999) Innovation in Cities: Science – based Diversity, Specialisation and Localised Competition, *European Economic Review*, Vol. 43: 409 – 429.

Fischer, M. and Varga, A. (2001) Production of Knowledge and Geographically MediatedSpillovers from Universities, Paper presented at the 41st Congress of the European Regional Science Association, August 29 – September 1, 2001, Zagreb, Croatia.

Fotheringham, A. S. , C. Brunsdon and M. Charlton (2002) Geographically Weighted Regression: The Analysis of Spatially Varying Relationships, John Wiley & Sons Inc. .

Freeman, C. (1995) The national system of innovation. In historical perspective, *Cambridge Journal of Economics*, 19 (1): 5 – 24.

Freeman, C. (1987) Technology Policy and Economic Performance – Lessons from Japan, *Frances Pinter*, London.

Fritsch, M. and Stuetzer, M. (2009) The geography of creative people in Germany, *Int. J. Foresight and Innovation Policy*, Vol. 5, Nos. 1/2/3.

Fritsch, M. (2004) Cooperation and the efficiency ofregional R&D activities, *Cambridge Journal of Economics*, 28: 829 – 846.

Fritsch, M. and Slavtchev, V. (2007) Universities and Innovation in Space Industry and Innovation, Vol. 14, No. 2: 201 – 218.

Fujita, M. (1988) A monopolistic competition model of spatial agglomeration: Differentiatedproduct approach, *Regional Science and Urban Economics*, 18 (1): 87 – 124.

Fujita, Masahisa, Paul R. Krugman and Anthony Venables (1999) *The Spatial Economy: Cities, Regions and International Trade*. Cambridge, Mass. : MIT Press.

Getis, Arthur and B. N. Boots, 1978, *Models of Spatial Processes: An Approach to the Study of Point, Line, and Area Patterns. Cambridge Eng.* New York: Cambridge University Press.

Gilboy, G. (2004) The Myth behind China's miracle, *Foreign Affairs*, July/August, 33 – 45.

Girliches, S. (1990) Patent statistics as economic indicators: A survey, *Journal of Economic Literature*, 28: 1661 – 1707.

Glenn Ellison, Edward L. Glaeser (1997) Geographic Concentration in U. S. Manufacturing Industries: A DartboardApproach. *Journal of Political Economy*, Vol. 105, No. 5.

Gorodnichenko, Y. , Svejnar, J. and Merrell, K. (2010) Globalization and innovation in emerging markets, *American Economic Journal*, 2 (2): 194 – 226.

Griliches, Z. (1957) Hybrid Corn: An Exploration in the Economics of Technical Change, *Econometrica* 25: 501 – 522.

Griliches, Z. (1960) Hybrid Corn and the Economics of Innovation, Science, *New Series*, Vol. 132, No. 3422 : 275 – 280.

Griliches, Z. (1964) Research Expenditures, Education and the Aggregate Agricultural Production Function, *American Economic Review*, 54, 961 – 674.

Griliches, Z. (1990) Patent Statistics as Economic Indicators: A Survey, *Journal of Economic Literature*, 28 (4): 1661 – 1707.

Grossman, G. M. and Helpman, E. (1990) Trade, innovation and growth, *The American Economic Review*, 80 (2), 86 – 91.

Grossman, G. M. and Helpman, E. (1991) Trade, knowledge spillovers and growth, *Nber Working Paper*, 3485, Cambridge, Mass.

Grossman, G. M. , Helpman, E. (Jan. , 1991) Quality Ladders in the

Theory of Growth, *The Review of Economic Studies*, Vol. 58. No. 1: 43 – 61.

Hayek, F. A. V. (1945) The Use of Knowledge in Society, *The American EconomicReview*, Vol. 35: 519 – 530.

Henderson, J. V. (1974) The sizes and types of cities, *The American Economic Review*, 64 (4): 640 – 656.

Henderson, J. V. (2003) Marshall's scale economies, *Journal of Urban Economics*, 53 (1): 1 – 28.

Hu, A. G. and Jefferson, G. H. (2009) A great wall of patents: What is behind China's recent patent explosion? *Journal of Development Economics*, 90, 57 – 68.

Jaffe, A. B., Trajtenberg, M. and Romer, P. (2002) *Patents, Citations, Innovations: A Window on the Knowledge Economy*, Cambridge: MIT Press.

Jaffe, A. B. (1989) Real Effects of Academic Research, *The American Economic Review*, 79, 5, ABI/INFORM Global: 957.

Jones, C. I. (1995a) Time Series Tests of Endogenous Growth Models, *The Quarterly Journal of Economics*, Vol. 110, No. 2: 495 – 525.

Jones, C. I. (1995b) R&D – Based Models of Economic Growth, *The Journal of Political Economy*, Vol. 103, Issue 4: 759 – 784.

Keeble, D., Offord, J. and Walker, S. (1986) Peripheral Regions in a Community of Twelve Member States, *Commission of the European Communities, Luxembourg*.

Kim, M. J., Mah, J. S. (2009) China's R&D policies and technology – intensive industries, *Journal of Contemporary Asia*, 39 (2), 262 – 278.

Knight, Frank H. (February 1925) On Decreasing Cost and Comparative Cost: A Rejoinder, *QJ. E.* 39: 331 – 333.

Koopmans, T. C. (1965) On the Concept of Optimal Economic Growth, in "The Econometric Approach to Development Planning", Amsterdam: North Holland.

Krugman, P. (1991b) Increasing returns and economic geography, *The Journal of Political Economy*, 99 (3): 483 – 499.

Krugman, P. (1979) A Model of Innovation, Technology Transfer, and the World Distributionof Income, *Journal of Political Economy*, 87: 253 – 266.

Krugman, P. (1991a) Geography and trade. *Cambridge: MIT Press.*

Krugman, P. (Jun. , 1991) Increasing Returns and Economic Geography. *The Journal of Political Economy*, Vol. 99, No. 3: 483 – 499.

Krugman, P. (Spring, 1998) Space: The Final Frontier, *The Journal of Economic Perspectives*, Vol. 12, No. 2: 161 – 174.

Krugman, P. (1985) Increasing Returns And The Theory Of International Trade, NBER Working Paper Series, Working Paper, No. 1752.

Krugman, P. (1991) Geography and Trade, Cambridge, MA: MIT Press.

Le Sage, J. P. (1997) Regression Analysis of Spatial Data", *Journal of Regional Analysis and Policy*, 27: 83 – 94.

LeSage, J. P. (1999a) "A Spatial Econometric Examination of China's Economic Growth, *Annals of GIS*, 5 (2): 143 – 53.

LeSage, J. P. (1999b) Spatial Econometrics, *Regional Research Institute, West Virginia University.*

LeSage, J. P. (2004) Spatial and Spatiotemporal Econometrics, JAI Press.

Lucas, R. E. (1988) On the Mechanics of Economic Development, *Journal of Monetary Economics*, Vol. 26: 3 – 42.

Lucas, R. E. (1988) On the Mechanics of Economic Development, *Journal of Monetary Economics*, 22: 3 – 42.

Marshall, A. (1890) Principles of Economics, *London: Macmillan.*

Ministeri, A. (2003) Evolution of spatial distribution of innovate activity

Ministry of Science and Technology 2007 (www. most. gov. cn, accessed 12th February 2011) .

Moomaw, R. L. (1981) Productivity and city size: A critique of the evidence, *The Quarterly Journal of Economics*, 96 (4): 675 – 688.

Moran, P. (1950) Notes on continuous stochastic phenomena, *Biometrika* 37: 17 – 23.

Moreno, R. , Paci, R. and Usai, S. (2005) Geographical and Sectoral Clusters of Innovation in Europe, *Annals of Regional Science*, 39 (4): 715 – 39.

National Basic Research Program of China, 2002 (www. 973. gov. cn/ English/Index. aspx, accessed 15th February 2011) .

Nelson, R. R. (1982) The Role of Knowledge in R&D Efficiency, *The Quarterly Journalof Economics*, Vol. 97: 453 – 470.

OECD (2007) OECD Reviews of Innovation Policy: China, Paris, France.

Ottaviano, G. and Thisse, J. F. (2003) Agglomeration and Economic Geography, *CEPRDiscussion Paper*, No. 3838, London.

Paelinck, Jean H. P. and Leo H. Klaassen (1979) Spatial Econometrics. Farnborough, Eng. : Saxon House.

Pakes, A. (1986) Patents as options: Some estimates of the value of holding European patent stocks, *Econometrica*, 55 (4): 755 – 764.

Peri, G. (2005), Determinants of knowledge flows and their effect on innovation, *The Review of Economics and Statistics*87 (2): 308 – 322.

Pinkse, J. and M. E. Slade (1998) Contracting in Space: An Application of Spatial Statistics to Discrete – Choice Models, *Journal of Econometrics*, 85 (1): 125 – 154.

Ramsey, F. (1928) A Mathematical Theory of Saving, *Economic Journal*, 38: 543 – 559.

Romer, P. (1986) Increasing returns and long – run growth, *The Journal of Political Economy*, 94: 1002 – 37.

Romer, P. (1994) The origins of endogenous growth, *Journal of Economic Perspectives*, 8 (1): 3 – 22.

Romer, P. M. (1986) Increasing Returns and Long – Run Growth, *Journal of Political Economy*, Vol. 94: 1002 – 1037.

Romer, Paul M. (1987) Growth Based on Increasing Returns to Specialization, American Economic Review Papers and Proceedings, 77, 56 – 62.

Romer, Paul M. (1990) Endogenous Technological Change, *Journal of Political Economy*, 98 (5): S71 – S102.

Rosenberg, N. (1963) Technological Change in the Machine Tool Industry, 1840 – 1910, *The Journal of Economic History*, Vol. 23: 414 – 443.

Rosenstein, R. , Paul, N. (1943) Problems of Industrialization in

Eastern and Southeastern Europe, *Economic Journal*, Vol. 53 .

Samuelson, Paul A. (1952) The Transfer Problem and Transport Costs: The Terms of Trade When Impediments Are Absent, *Economic Journal* 62, (June): 278 – 304.

Scitovsky, T. (1954) Two concepts of External Economies, *Journal of political Economy*, Vol. 62, No. 2: 143 – 151.

Snow, John (1855) On the Mode of Communication of Cholera, *By John Snow*. London: John Churchill.

Solow, Robert M. (1956) A Contribution to the Theory of Economic Growth, *Quarterly Journal of Economics*, 70: 65 – 94.

Solow, Robert M. (1957) Technical Change and the Aggregate Production Function, *Review of Economics and Statistics*, 39 (3): 312 – 320.

Spence, M. (1976) Product selection, fixed costs, and monopolistic competition, *The Review of Economic Studies*, 43 (2): 217 – 235.

Tobler, W. R. (1970) "A Computer Movie Simulating Urban Growth in the Detroit Region", *Economic Geography*, 46: 234 – 40.

Uzawa, H. (1965) Optimum technical change in an aggregative model of economic growth, *International Economic Review* 6: 18 – 31.

Verspagen, B. (2006) University research, intellectual property rights and European innovation systems, *Journal of Economic Surveys*, 20: 607 – 32.

Wright, T. P. (1936) Factors Affecting the Cost of Airplanes, *Journal of the Aeronautical Sciences*, 3: 122 – 128.

Ying, L. G. (2003) Understanding China's Recent Growth Experience: A Spatial Econometric Perspective, *The Annals of Regional Science*, 37 (4): 613 – 28.

Young, Allyn A. (1928) Increasing Returns and Economic Progress, *The Economic Journal*, Vol. 38: 527 – 42.